财务管理与经济发展研究

赵　琨◎著

北方联合出版传媒（集团）股份有限公司

辽宁科学技术出版社

图书在版编目（CIP）数据

财务管理与经济发展研究 / 赵琨著 . -- 沈阳 : 辽宁
科学技术出版社, 2024. 9. -- ISBN 978-7-5591-3657-
2

Ⅰ . F275
中国国家版本馆 CIP 数据核字第 2024QP4203 号

出版发行：辽宁科学技术出版社
　　　　　（地址：沈阳市和平区十一纬路 25 号　邮编：110003）
印　　　刷：辽宁鼎籍数码科技有限公司
开　　　本：170mm×240mm
印　　　张：14
字　　　数：200千字
出版时间：2024年9月第1版
印刷时间：2024年9月第1次印刷
责任编辑：高　鹏
版式设计：山东创书文化传播有限公司
责任校对：张　永

书　　　号：ISBN 978-7-5591-3657-2
定　　　价：88.00元

前言

随着社会经济的不断发展，企业要想在竞争日益激烈的市场中占据有利位置，就要在财务管理方面不断创新，建立科学、合理的管理系统。传统的企业财务管理模式已经不能满足时代发展的要求，在一定程度上会制约企业的发展，因此加强企业财务的创新管理，对促进企业经济的快速发展具有重要意义。

在企业财务管理中，要根据实际要求不断进行改革和创新，充分发挥财务管理所具有的监督功能，促进企业经济的发展。财务管理是企业管理的重要组成部分，在企业经济管理过程中凸显重要的作用，财务管理对于企业经济管理的重要性已逐渐被广大企业管理者所认同。在企业的经济管理中，要着重提高财务管理工作的核心地位，结合企业的实际情况，赋予财务部门相应的权力，保证企业财务部门的独立性，并努力提升企业财务人员的素质，适当增加财务人员参与企业决策的机会和范围，只有这样，财务管理才能从本质上促进企业经济向更高层次发展。全书共分8章，对财务管理概述、财务管理信息化、成本管理、运营资金管理、财务数字化建设、财税RPA、财务管理与企业经济发展、财税政策与经济发展进行了详细阐述。

笔者在撰写过程中，借鉴了许多专家和学者的研究成果，在此表示衷心的感谢。智能化财务管理与经济发展的内容十分宽泛，尽管笔者在写作过程中力求完美，但仍难免存在疏漏，悬请各位专家和读者提出宝贵意见和建议。

目　录

第一章　财务管理概述

第一节　财务管理面临的挑战与机遇

《管理会计兴衰史》中指出，就当今企业所处的环境而言，企业的财务管理系统已经远远不能满足企业管理的需要。数字化时代，企业需要借助数字技术，回归顾客并制定"有效价值增值"的科学发展战略，但至今"价值增值"的目标尚未被明确提及，新的财务管理模式亟待挖掘。

一、数字化生存的挑战

伴随经济全球化、企业国际化、科技进步和管理变革，一方面复杂多变的商业环境对财务及时性、准确性、有效性的要求与日俱增，另一方面传统分散的财务管理模式在政策制度、流程标准、操作规范、人员能力等方面的参差不齐，造成了财务运行成本高、效率低，风险频发，财务组织变革势在必行。

从20世纪80年代福特公司建设全球第一家财务共享服务中心开始，集团型企业逐渐将跨地区、重复度高、工作量大的财务工作集中到共享服务中心进行处理，实现了标准规范化、管理集约化、职能专业化、数据统一化，进而实现了集团层面的资源整合，提升了财务运营的质量和效率。财务工作的重心也开始逐渐由日常核算向辅助管理和支持决策转变。财务共享服务中心的建设，成为财务转型的重要根基。

如今，全球90%以上的《财富》500强企业已经应用财务共享服务，财政部和国资委于2013年开始明确推广建设财务共享中心，华为、海尔、中兴等企业也成了国内较早推行财务共享中心的标杆，并取得了显著的建设成效。以财务共享为基础，进行组织和流程再造，追求共享财务、业务财务、战略财务三位一体，以价值创造为导向的财务管理模式，已成为财务管理转型发展的方向。

二、数字经济发展的机遇

伴随着数字经济的发展，企业也经历了从会计电算化、财务信息化到财务智能化的转变，越来越多的企业正从智能技术的应用中受益，OCR影像识别、财务（流程自动化）机器人RPA、规则引擎、银企税资直连平台已经成为今天财务共享服务中心的标配。虽然层出不穷的数字技术和智能手段已逐步应用于财务管理领域，大大提高了传统财务核算工作的效率，但时代发展对财务管理也在不断提出更新更高的要求——财务要真正向"价值创造型财务"转型升级。在生态经济的大背景下，如何找到业务财务和战略财务的管理抓手，让其充分发挥作用，成为数字化时代的重要命题。

财务作为货币化的业务语言，是商业世界的"数字化"雏形。如今迈入数字化时代，企业内外部的各项活动，以及消费者、供应商、员工等多元主体的各项信息都可以被收集转化为数据，财务部门作为数据的加工方，成为实现数据采集整理、分析洞察、预测决策的企业数字化闭环的关键节点——当企业边界被打破，财务的边界也应该被打破——财务，不仅需要走出财务部门的职能边界，与业务紧密结合，更要走出企业组织的主体边界，与产业上下游深入连接。数字化时代的财务管理，也应从核算型、业务型、战略型发展到财务4.0阶段——生态型。

工业时代，业务即财务，财务即业务。数字化时代，一切业务数据化，一切数据业务化。财务部门成为数据化闭环的关键节点。数字化时代，财务管理应该聚焦于产业生态价值的创造。作为数字化时代生态价值衡量的工具，财务管理成为企业在产业互联网时代的全面赋能体系，这就为财务创新，特别是财务管理创新提供了巨大的时代机遇。

三、财务管理底层逻辑的转变

既然原有的财务管理模式已经远远不能满足数字经济时代下财务人员的期待以及企业发展的迫切需求，未来的财务管理模式应何去何从？我们从六个方面对比传统与数字经济时代财务管理的具体差异（表1-1）。同时，我们基于此对"财务管理可能实现的新功能或畅想"进行了进一步调研，以帮助我们借鉴企业财务人员的管理实践诉求，探索新的财务管理的认知框架。

表1-1　传统与数字经济时代财务管理的具体差异

项目	传统的财务管理	数字经济时代的财务管理
管理目标	为财务核算服务	解析价值增值，直接创造价值
管理工具	财务软件	共享平台、大数据分析
管理范围	内部财务信息	内外部共生主体信息
管理对象	内部财务数据	内外部共生主体信息资产
分析方法	传统财务分析体系	大数据分析技术
结果呈现	传统三大报表	三大报表+第四张报表

第二节　财务管理模式的四个维度

探索企业财务管理数字化转型的实践及落地实施，以期促进企业财务管理在数字化时代发挥更大的价值。

一、维度一：技术赋能维度

学习和掌握驱动转型的技术是数字化时代财务管理工作本身面对的最大挑战；财务人员对新技术观念的转变也是十分重要的挑战；高层领导的数字化战略洞见与企业内部财务管理基础设施的建设具有挑战性；财务人员职业认知观念的转变是很具挑战性的；公司对财务人员的学习支持也是重要挑战。

数字技术应用有待推广，云计算是最受欢迎的数字技术。尽管大部分的财务工作者所在企业的数字化程度接近行业平均水平，但仍有38.8%的公司尚未在财务领域应用任何数字化手段。而在所应用的数字化手段中，云计算的使用率最高，其次是可视化，再次是区块链技术，最后是财务流程自动化机器人。

财务人员迫切需要熟悉数字技术是此次金蝶调研中的关键发现。尽管数字技术应用并不十分广泛，但半数以上的受访者认为需要熟悉了解并能向他人解释财务流程自动化机器人、可视化技术及区块链技术。

95%以上的财务工作者所在公司计划使用数字技术以进行财务数字化转型。财务数字化转型已经成为必选项。其中，计划在两年之内投入使用数字技术的占比70%，而仅有10%表示会在两年以后（三年之内）投入使用数字化转型的财务相关服务。

在对财务领域数字化工具的需求内容调研中，57.9%的受访者认为高级分析是现在以及三年内应用于财务领域最多的数字化工具；其次是云计算，占比52.9%；第三是区块链技术，占比41.7%；第四是可视化，占比40.8%；第五是内存计算，占比37.1%；第六是认知计算，占比35.4%；最后是财务流程自动化机器人，占比24.6%。

数字化正在深刻改变财务管理的底层逻辑，财务管理已经和我们所了解的任何行业一样，进入了一个前所未有的革新时代，财务管理模式也随着技术的变革而呈现出更加灵动、互联、协同、共享的数字化时代特征。财务管理转型其实是信息技术发展掀起的新一轮产业革命。随着人工智能引领的智能化技术的密集突破，财务工作将更加自动化和智能化，现有的财务管理运作模式将会遇到极大的挑战。科技发展日新月异，将传统模式下财务人员的精力从大量的低价值、高重复性的会计核算业务中解放出来，转向更具时效性、准确性、灵动性的智能财务中去。

借助于新的技术手段，通过机器学习、大数据建模等技术手段和方法，可以进行智能分析和预测，进而使得财务管理模式能有机会为企业发展创造更多价值。新技术和新模式可以从核算工具、核算目标、核算对象、分析方法和结果呈现的全方位赋能企业财务管理，例如可以通过打造智能的财务管理流程，提高效率、降低成本、控制风险。

二、维度二：顾客价值驱动维度

企业转型要对顾客价值创造的过程进行实时呈现。将主体对顾客的价值创造反映在企业主体账户中，实现财务管理体系与客户价值增值的对接是企业转型与财务相关的重要底层根基；建立多维度的主体账户，优化财务管理体系是重要的底层根基；实现跨界业务和传统业务核算的有机融合是重要的底层根基；大数据支撑的外部机会测算和寻求是底层根基。

如果说互联网改变了我们的经济、金融、社会等多方面的发展格局，那么数字资产将在这个基础上再一次改变底层商业规律，各种新业态下的商业新模式都将涌现出来。因此，数字化时代急需创建基于财务管理模式创新的顾客价值驱动模式。数字化时代顾客价值驱动需要通过价值活动来完成。工业时代我们将企业放在中心，考虑如何战胜竞争对手，而今天的商业活动是由"顾客主义"的逻辑主导的，数字化时代需要我们将顾客放在中心，寻求与顾客共生的广阔空间。

在这套逻辑中，顾客价值是考虑所有问题的出发点，而不仅仅是行业变量或企业资源。而当顾客成为共创的主体、改变了价值创造和获取的方式后，可能导致爆发式（而不仅仅是线性）的增长，所以顾客价值驱动需要涵盖在新的财务管理模式中。

三、维度三：财务人员角色维度

技术的突破扰乱了业务战略和财务团队工作和协作的方式。企业财务部门需要构建未来的财务职能，找到具有技能和动力的人来进行技术创新，以及接受快速变化、不同角色和新方法。随着未来的工具开始应用并发挥作用，对财务人才的需求和财务人才的重要性并不会减弱，但他们所需要的技能将发生变化。

微软加速器进行的一份调研显示，56%的CEO认为"我"应该驱动企业数字化转型，在CFO中，这一比例为69%，而在与数字化直接相关的CIO中，这一比例为63%，比CFO的回复低了6个百分点。从CEO视角我们可以得出，其在数字化转型中对CFO的期望值最高，具体为CEO

对 CFO（56%）的期待是对 CTO/CIO（22%）的期待的 2 倍多。由此可见，CFO 在企业面临数字化转型时即具有较高的主体意识，更受到 CEO 的绝对性高度重视。

随着信息时代的到来，各个领域都在发生着巨大的变革，线下线上都在更紧密地结合。财务部门不仅要面对风起云涌的外部环境，还要随时应对因技术创新、业务转型加速带来的企业数字化转型的风险和变数，传统的"财务总管"角色再也不能满足企业管理的数字化时代新诉求。企业对于财务人员的角色期待将从能够进行传统的会计核算、资金结算等基本业务，转向能够帮助企业进行数字化时代的战略调整、资源整合、优化配置等高端智能支持工作。

从手工记账到会计电算化，从算盘到计算机，每一次变革都让财务人员的工作发生了质的飞跃。现如今数字化时代正在悄然到来，大数据、云计算、人工智能，日新月异的技术革新都使财务人员的工作重点发生着转移，财务共享和财务数字化不断被提上日程，财务人员的新角色也产生质的转变：从"账房先生"到"军师参谋"。

从"资源消耗者"到"价值创造者"。

从"命令服从者"到"主动参与者"。

从"业务执行者"到"数字化构建者"。

新一轮的财务管理模式变革，急需具有数字化思维、战略意识和综合能力的财务人员。有担当、有能力、有视野、有格局的财务人员将有更加广阔的职业发展空间。

四、维度四：企业生存的协同需求维度

数字化时代的根本变化是"共生是未来组织发展的路径选择，而协同才能实现组织内外的整体效率"。跟其他主体共生是未来企业组织的进化路径。而要获得这种进化路径，组织自己需要实现最大的系统效率，这个效率就来自协同。从组织形式的嬗变中也可以看到企业越来越向生态组织发展，构建和融入价值网络中，呈现分布式网络、共创共享的形态。应对企业数字化时代的协同需求，被协同主体也开始被管理者要求，财务管理具有相应的核算或计量能力，进而为企业数字化协同生存提供

重要决策支持。

数字经济时代，企业间利用竞争优势与生态优势形成相互促进、相互依赖、共同发展的生态系统，良性循环，进而更快实现发展目标。而企业的财务管理也应当走向生态财务，发展成为包括预算、融资、税务、银行、内控、新业务发展等的财务平台。助力企业在生态系统中共生发展，协同共赢。协同——运用财务体系达到"1+1＞2"的协同优势是数字化时代下新财务管理体系的关键词。

数字经济时代，已经很难对一个企业或者一个行业界定它的"属性"。跨界无处不在。打破边界的企业能够获得新的信息数据及资本，发挥这些资源的最大价值，是企业形成新优势的关键所在。而财务部门是一个企业中信息最集中的部门，其有责任也有义务运用自己的信息优势和专业技术去指导那些责任与知识结构不完全匹配的职能部门，并融合创新，助力企业提升竞争优势。

对于协同的关键方面，企业构建外联的小助手是财务管理最可能实现的新功能。财务管理能够为企业构建外部联盟网络提供数据参考依据，是财务管理最可能实现的新功能；此外，员工、部门、企业、上下游等的多维度核算（财务核算内容扩大）也是比较可能实现的新功能。

协同中的"系统对接+跨界"尝试和核算最为重要。"系统对接+跨界"尝试和核算是数字化时代财务管理的关键职能；设置核算账户时要覆盖到员工、部门、企业、上下游等多价值主体；财务管理体系的重心要从价值核算向价值创造转换。

第三节　第四张报表的提出

"工欲善其事，必先利其器"。目前大量企业的财务管理部门中，70%的工作内容和时间仍聚焦于传统财务管理工具载体——"三表一注"上。数字化时代急需新的财务管理工具载体帮助财务管理部门和人员，将工作的重点转移到那些为企业创造价值的，更加全面、相关、及时的工作上，进而真正实现财务管理的数字化转型。

传统财务管理模式的管理载体，是经典的"三表一注"财务报表体系——资产负债表、利润表、现金流量表以及报表附注。"三表一注"体系以复式记账法和会计准则为基础，是具备借贷平衡关系、提供规范信息的标准工具载体。在工业时代，"三表一注"作为商业通行语言，具备独特的优势——基于统一标准抽象出的量化信息，可以"翻译"出企业的历史商业行为和结果，并使得跨企业、跨行业的比较分析成为可能。

改善数据和分析能力成为重中之重的财务职能。改善数据和分析能力，从而转变预测、风险管理和理解价值驱动因素是重要的财务职能；改善财务及业务部门或职能部门之间的业务伙伴关系是重要的财务职能；通过运用机器人流程自动化等新技术降低财务职能成本与通过财务外包、共享服务等措施提高利益相关者效率是重要的财务职能；优化风险（包括网络风险）管理能力及对财务职能技能组织进行重大更改是重要的财务职能。

这些问题在财务管理遇到的数字化时代新挑战中可见一斑，那么未来数字化会带给财务管理怎样的挑战呢？实践中德勤提倡的"第四张报表"是一张关注业务数据的"数字资产表"。通过揭示用户数据与财务之间的关系，来帮助企业将数据变现，并实现事前决策。

一、财务管理基本假设的新挑战

财务报表的种种"先天"条件，决定了单独的财务报表无法为企业提供全面、相关、及时的数据和信息，在工业时代，会以业务报表对其进行补充。业务报表由业务部门主导编制，可以更加深入地反映业务发展的各项组成要素，包括数量价格、分区域分产品线构成、增减变动的构成等，但业务报表同样面向过去，反映的是企业价值的结果，不能反映生态圈内各个利益相关者的关系，也不能反映用户价值和员工价值的变化。数字化时代，面对生态经济，财务管理工具也需要变革和创新，才能真正支撑组织数字化时代的新发展。以下是财务管理的五项基本假设，每一项在数字化时代都遇到了新挑战。

理财主体假设："指企业的财务管理工作不是漫无边际的，而应限制在每一个经济上和经营上具有独立性的组织之内。"数字技术的成熟和应用，打通了产业和场景的可连接性，打开了产业生态圈的时代，企业成为生态圈的节点，企业因连接而产生价值。

持续经营假设："假定理财的主体是持续存在并且能执行其预计的经济活动的，该假设明确了财务管理工作的时间范围。"数字技术的进步加速推动了行业进步，财务管理的视角不再是注重短期的和过去的，而是注重长期的和未来的。

有效市场假设："财务管理所依据的资金市场是健全而有效的。"有效市场的前提是市场参与者能够对所有市场信息迅速做出合理反应。数字化时代下，海量数据的存在，对信息的挖掘分析和判断提出了更高的要求和挑战。

资金增值假设："通过财务管理人员的合理运营，企业资金的价值可以不断增加。"资金管理成为企业价值管理的一部分，不再仅从资金角度割裂开来进行考查。

理性理财假设："从事财务管理工作的人员都是理性的理财人员，其理财行为也是理性的。"财务能力只是财务人员的基本功，多元化的背景和商业洞察是数字化时代财务管理人员的核心竞争力。

二、财务管理的新要求

（一）新的财务管理模式——价值驱动

创造价值是转型面临的最大挑战。在财务转型面临的最大挑战问题上，"价值创造+管理决策支持"的支持率过半。最大挑战包括以下几个方面：财务转型面临的最大挑战是创造价值；最大挑战是管理决策支持以及观念转型；最大挑战是财务分析。

财务管理模式需要由价值记录转向价值创造的新方式。从价值记录转向价值创造的过程也即财务管理模式的升级过程——从共享财务到业务财务，再到战略财务，在财务管理模式的升级过程中，对财务人员的素质要求也是逐渐上升的。共享财务（智能化）：所有交易流程在共享中心或外包实现自动化处理，共享财务人员主要管理异常情况。业务财务（业财一体化）：财务管理与业务紧密协同，业财一体化更强调外部性，强调将财务数据与外部信息紧密结合，以辅助建模和预测业务成果，优化战略计划，确定最佳业务机会。业财一体化也是企业信息化建设的重心，对财务人员的综合能力提出了很高的要求，需要财务人员在"专业"和"综合"方面同时做出改变。战略财务（更具弹性）：战略财务将通过战略风险管理来管理不确定性，财务人员需要使用预测分析来评估战略决策带来的影响，为可能到来的冲击提前进行规划和管理。随着分析技术的升级，以及数据规模和复杂性的不断提高，财务管理的价值驱动模式在人工智能和认知科技的推动下将不断创造新的方式和可能。

（二）财务人员角色的转变

组织演化急需新功能。随着组织形式沿着"刚性组织—智能组织—精益组织—柔性组织—自组织—生态组织"不断演变，每种组织特性下核算的属性和边界不断被打破和迭代，随着管理范畴的嬗变，财务管理也逐步衍生出众多新需求。

财务人员职业新挑战。在数字化时代的财务管理中，我们就财务人员需要在以下哪些方面提升的问题进行了调研。43.3%的受访者认为财务人员最需要在对战略和业务的深入理解上做提升；18.3%的受访者认为需要在财务专业能力方面有所提升；认为需要提升信息技术能力的受访者占16.8%；认为需要提升领导变革的能力和沟通表达能力的受访者均占10.8%。由此可见，从财务人员职业发展和能力方面来看，他们需要加强对战略和业务的深入理解，努力钻研提升本职业务技能。

（三）数字化时代企业的协同需求

财务管理新需求正不断涌现。对业务价值创造能进行实时核算以激活高价值业务，是对新的财务管理功能最主要的期待；期待企业间形成跨界连接，探寻共同战略发展空间；对实现部门价值创造的实时核算以激活跨部门合作充满期待。总的来说，财务人员对于"高价值业务+跨界"的新功能抱有最大期待。

协同是新财务管理体系的关键词。协同是新财务管理体系的关键词，因为运用新财务管理体系能取得"1+1>2"的协同优势。正如任正非所言："一个人不管如何努力，永远也赶不上时代的步伐，更何况在知识爆炸的时代。只有组织起数十人、数百人、数千人一同奋斗，你站在这上面，才摸得到时代的脚。"此外，共生也是新财务管理体系比较重要的关键词。

三、共生逻辑下的财务管理认知框架

新的财务管理模式和新的财务体系构建已成为共识，但是未来财务管理认知框架的具体调整方向，我们在调研中有如下发现，财务管理新模式下的最大核算范围能触及公司外部。具体来说，公司内部报表、员工价值创造、公司平台小微、用户价值、供应商核算均在财务管理新模式下核算可以达到的最大范围内；此外，除上述核算内容外，外部环境因素核算也能被考虑在内。

在对数字化时代的财务管理职能的调研中发现，通过向利益相关者输出财务服务，助力其进行更高效的价值创造和核算，进而实现和企业自身财务核算系统的高效对接是数字化时代的财务管理职能的关键；此外，财务核算可以支撑企业的跨界前景预判、跨界业务核算、跨界价值挖掘等跨界尝试与在设置核算账户时要覆盖到员工、部门、企业、上下游等多价值主体也是比较关键的职能，而财务管理体系的重心，要从价值核算向价值创造转换这一财务管理职能最不关键。

通过对各种新功能的关联进行重组并分析调研结果，我们构建了共生逻辑下的财务管理新认知框架。

首先，在调研过程中我们发现顾客价值是需要重视的核心，因此我们将"顾客价值"作为财务管理新认知框架的内核；其次，没有核算就没有管理，我们将财务核算范围进行"由内而外"的边界拓展，这个维度既要包含企业内部的员工、部门、企业整体，又要包含企业外部的上下游等，我们赋予其一个新的表达方式，即"核算到多维"；再次，跨界生存已成为数字化生存的重要方式，因此在财务管理新模式中也需要呈现出对于跨界的辅助，因此我们需要财务管理新模式中能呈现出核算体系之间的连接，并且这种连接要做到"跨界"，即实现"连接到跨界"；最后，激活个体是数字化时代创造力的源泉，员工是企业最大的资产，企业需要运用财务管理新模式对员工的工作成果进行及时记录和激励，因此要实现"赋能到个人"的新功能。

财务管理的最终的目标是更高效地帮助企业进行顾客价值创造。企

业可以借助数字技术的优势,为整个共生体系寻求和创造新的增长空间,实现共生体系内的价值增值,以及与体系外的高效价值传递。事前算赢以顾客价值增值为落脚点,通过核算到多维、连接到跨界、赋能到个人的转变实现顾客的价值传递,进而最终呈现出数字化时代由企业端到顾客端的"端到端"价值传递新框架。

四、第四张报表:"共生增值表"

三大报表的解析者、第四张报表的创造者以及内外部共生主体信息资产的解析者是对数字化时代下财务管理最贴切的表述。这意味着有过半数的财务人员认为,需要在现有的基础上增加新的财务相关信息,这种信息需要包含内外部共生主体的信息,而只有第四张报表的创造者才能满足财务人员的这种需求。由此可见,第四张报表承担了数字化时代新财务管理模式继往开来的重要时代责任。

"共生增值表"——第四张报表提出,"共生"是指在数字化时代,组织因应挑战而需进化为共生型组织;"增值"是指时刻围绕顾客价值增值为核心诉求;"前:管理会计"是指财务管理创新的核心是管理会计,管理会计作为创新的先锋,需要通过与内外部系统之间的连接能力而实现业务的事前算赢,整体上激活组织;"后:财务会计"是指财务会计承担原有的财务三大报表核算的任务,实现会计报告的精准呈现,具体包含及时、精准、真实、可靠等特征;"上:战略融合"是指在外部的战略上进行思考,将战略融入企业考核指标,以此支撑企业与利益相关者形成一个共生空间。其中共生空间的探寻需要企业具有超越单独个体的企业管理理念,在本行业或是跨行业范围内探索出企业与其他主体共存的新可能性(如平台、集团、联盟、集群等);"下:核算个体"是指在内部进行员工个体贡献于顾客价值增值的实时呈现,实现员工和顾客的"端到端"价值创造及时衡量,以实现对于员工的及时激励和高效激活。

综上,"共生增值表"的提出顺应了数字化时代的新要求,是对财务管理高效运用数字化的一种可能性探索。企业因为创造顾客价值而存在,在"万物互联"时代依然如此。因此紧紧围绕顾客价值增值,战略上探索共生空间,将成为第四张报表回归企业生存本质以及适应数字化时代特征的核心归宿。

第二章 财务管理信息化

第一节 财务管理信息化发展概况

一、财务管理

（一）企业资金及其运动

在各项生产经营活动中，各企业部门都离不开资金支持，资金是市场经济环境中所有财物的货币体现。在社会持续生产反复交替过程中，财产物资总是遵循着消耗—回收—消耗的循环流程，在这一过程中，资金所展现的形态也随着不断改变，从货币资金到储备资金，到生产资金、成品资金，再到货币资金，通常把这一过程称为资金运动。观察企业的各项生产、经营活动过程，可以看出有两个方面的内容：一是物资反复的购入、消耗和出售活动；二是资金的投入、使用和回收过程，也即企业资金的运动过程。

资金运动实质反映的是生产、经营活动过程中价值的流转，在资金运转的同时，企业与利益相关方必然会产生复杂的利益关系，通常将上述所说的资金运动和利益关系统称为财务，资金运动为财务中的资金活动，而各方利益关系为财务关系。企业产生的各种财务关系和财务活动统称为企业财务。

（二）企业的财务活动

企业生产、经营活动中形成的资金运动即为财务活动，企业在经营各项生产活动时，需要在资金的支持下维持持续的经营活动，以及对外投资（股票、债券投资等），并将对利益所得对利益相关者进行分配，保障企业的持续性发展和企业各股东的合法权益。也即是，企业的财务活动包含了资金运动、资金筹集、资金投资、资金利润分配。

1.筹资活动

企业在各项经营活动的最初阶段需要投入一定的资金，所以说，资金的筹集是企业进行财务活动的首要条件。企业采取不同的筹集渠道和筹集方式来筹集不同性质的资金，筹集来的资金大致可划分为两个方面。

（1）自有资金，企业可以对其进行吸收后以企业投资、股票发行或者企业内部留存收益等方式获取该资金，这部分资金是由所有者提供的，投资主体可以是国家、法人或者自然人等。

（2）债务资金，是企业向银行进行借款、融资租赁、债券发行及商业信用等方式来获得的资金，提供主体为债权人。完成资金的筹集后，便形成企业资金的流入，企业在获取该资金利益的同时，也需要支付一定的本金、利息、股利等筹资过程产生的各种费用，导致了企业资金的流出。由于资金筹集而产生的这类收支活动，可以称为企业的筹资活动。

2.投资活动

为保障企业资金的保值增值，企业需要将筹集后的资金及时地进行投资，这是整个财务活动的主要内容之一。一般正常情况下，企业只有在确定了投资方向后，才会发起资金的筹集活动，并将这些筹集到的资金根据不同的投资方向划分为对内投资和对外投资两个方面。其中，对内的投资是企业将筹集到的资金投入到企业内部的运营，如增加设备、物资、资产的投入等；对外的投资是企业通过购买股票期权、债券等投资方式对其他的企业进行投放的活动。从广义上来说，对外投资和对内投资都属于投资的范围；但从狭义上来说，投资仅仅指的是企业的对外投资。这两种方式的投资都是为了帮助企业获取一定的利益，从而产生资金的流入，这种通过投资而产生的资金流入，属于企业的投资活动。

企业产生投资活动后，获取的经济利益便会形成不同的资产类型和资产结构。因此，值得注意的是，企业在进行投资之前，应充分考虑具体的投资规模，在确保投资收益的同时，还需要对投资的风险进行评估，合理投资，以免对企业自身的经济利益造成损失。

3.资金营运活动

资金的收付产生于企业日常的生产活动过程，主要体现为：一是企业资金的支出，其中一方面通过采办相关设备材料或商品来维持企业的生产和销售经营，另一方面为企业员工工资和其他费用的支出；二是通过出售产品（商品）以获取资金的收入。除此之外，当现有流动资金无法满足企业内部的生产、经营时，还需要通过商业信用或者短期借款的方式筹集一定数量的资金。以上各类资金运转而形成的财务活动，统称为资金营运活动。

为满足企业日常经营活动而垫支的流动资金，叫作营运资金。流动资产减去流动负债后的净额即为营运资金。在固定的时间段内，营运资金周转得越快，其产生的利益也就越大，因此，企业资金的营运活动需要保障资金的合理投入和利用，同时加速资金周转，以实现资金利用最大化。

4.利润分配活动

企业开展各项经营活动是以赚取利润为最终目的，国家对企业的利润所得有做出明确的规定，企业也需要严格遵循国家制定的相关准则进行利润的分配。一是企业需要向国家缴纳企业所得税；二是进行亏损弥补和公积金提取；三是企业需要向投资人进行股利分配。这类与利润分配相关形成的资金收支活动，即利润分配活动。

在进行利润分配时，涉及国家分配的部分，根据国家规定的税收制度来进行企业所得税的缴纳；当企业进行公积金提取时，应遵循《中华人民共和国公司法》（简称《公司法》）中制定的相关准则来执行；涉及投资人的股利分配时，根据企业自身制定的股利分配政策来执行。

以上关于企业财务活动所述的四个活动，它们之间密切联系、相辅相成，共同组成了企业财务活动的内容体系。

（三）企业的财务关系

企业产生的各类财务活动，不仅体现了企业的资金运动，还体现了与企业相关的经济关系，在这里将财务活动产生的企业和各方利益关系，统称为企业的财务关系，具体概括为以下几个方面。

1.企业与投资者之间的财务关系

企业与投资者之间的财务关系是所有财务关系中的最根本内容。投资者对企业进行投资，同时投资者享有该企业的收益分配权和所有权。根据出资主体的差异性，企业的投资者可以是国家、法人单位或者投资个体，也可以是外商。投资者在进行资金投入时，需要按照企业制订的相关章程或者合同准则来严格履行。同时，企业在获取相关的利润后，根据投资者投入资金的比例或者签订的合同、章程，对投资者进行利润的分配。正常情况下，投资者对企业承担的责任和享有权利是根据其投入的资金比例来决定的，并根据投入资金的比例来划分投资者是否拥有对企业的控制权。

2.企业与债权人之间的财务关系

一般情况下，企业的资金包括债权人提供的债务资金和投资者提供的自有资金，分别体现的是企业与债权人之间的财务关系和企业与投资者的财务关系。

企业在实际营运中会采取多种不同的筹资方式，因此，债权人的主体也大为不同，包含银行及非银行的金融机构、商业信用的提供者、债券持有者以及其他出借资金的单位或者个人。正常情况下当企业向债权人筹集资金时，需要协商好借款利率、期限时长和借款利息支付方式等。在风险承担方面，债权人比投资者承担的风险要小很多，其所享受的收益也不受企业经营利润的影响，但相对收益也较低，且不享有企业的经营控制权和企业剩余收益的获取权。

3.企业与被投资单位之间的财务关系

此类关系为企业向其他企业直接进行投资或者股票购入等方式投入资金而形成的财务经济关系，企业在发展过程中，为增加其他收益经常会向其他企业进行投资。企业在向其他企业投资时，应遵循相关约定履行出资义务，同时，根据具体的出资比例参与被投资企业的经营管理权和利润分配。

4.企业与债务人之间的财务关系

此类关系为企业向其他企业通过资金进行债券的购入、借款或者提供商业信用等方式所产生的财务经济关系。企业在一定时期内出让资金的使用权，在此期间有权要求债务人支付利息和归还本金。同时，企业在日常经营活动与其他企业的往来业务结算过程中向其他企业提供的商业信用，企业有权利要求对方在约定期限内偿还。

5.企业内部各单位之间的财务关系

此类关系为企业各部门在日常生产、经营过程中部门之间相互协作或劳务形成的经济关系。企业在进行内部结算时，企业内部购、产、销各部门及各生产单位需要相互提供产品和劳务进行计价结算，此类财务结算关系，体现了企业内部各部门之间的经济利益关系。

6.企业与职工之间的财务关系

此类关系为企业与其职工之间由于劳务关系形成的财务经济关系。职工向企业提供劳动服务，企业则根据职工具体的劳务情况来向职工发放合同约定内的劳务工资、业务奖金、津贴及补贴等，此类关系体现的是企业和所属职工之间劳动成果的分配关系。

7.企业与政府之间的财务关系

此类关系为企业与政府之间的税务关系，企业根据国家税收制度依法缴纳相关税收，从而形成与政府之间的财务关系。国家财政经济的主要来源为税收，作为国家宏观经济的调控者和整个社会的领导者，政府参与各企业的利润收益的分配，体现了企业与政府之间的利益分配关系。

（四）企业财务管理

当下经济的飞速发展，使得企业与各方面的利益关系日益复杂多变，企业对财务活动的组织和财务关系的处理影响着企业的持续生存和发展。因此，企业需要根据资金运动的客观规律进行管理，充分利用其进行周转收益。与此同时，还需要遵循相关的制度要求协调好企业在生产、经营过程中与各方面的经济利益关系。财务管理是企业在生产、经营过程中，遵循国家法律制度，积极协调企业内部财务活动与各种财务关系的管理工作，是企业管理的重要组成部分。

由于企业的生产、经营活动具有复杂多变等特性，在进行企业管理时需覆盖到全面的管理，如人事行政管理、技术管理、产品管理、销售管理和财务管理等方面。整个企业内部，财务管理与其他各部门之间的工作是密切联系、相辅相成的，同时也具有自己的特色。

1.财务管理是一项综合性管理工作

财务管理是企业管理的一个独立的方面，同时也是一项综合性管理工作。价值形式是财务管理对企业经营活动进行管理的主要方式。企业的一切物质条件、经营过程以及经营结果都会通过价值形式进行合理地规划和控制，最终实现提高企业效益、增加股东财富的目标。以价值形式来表现企业的财务状况与经营成果可以全面地展现企业的综合实力。资金活动能够综合地反映出企业各方面生产、经营活动的质量与效果。财务信息能够综合全面地反映出生产、经营活动中各环节、各要素之间的相互影响。能够综合反映并作用于企业各方面生产、经营活动是财务管理的一个突出特征。

2.财务管理与企业各方面具有广泛联系

企业中的一切经济活动都与财务管理有关，因此，财务管理与企业中各方面、各部门之间都存在广泛的联系。无论是企业的采购、生产、销售等行为，还是企业内部人事、行政等各部门的业务活动，都会涉及企业资金的流动，财务管理自然会与这些部门产生联系。

二、财务管理信息化的基本理论

（一）财务管理信息化的概念

现代信息技术的不断发展推动了不同行业、职业的信息化发展，财务管理信息化也是现代信息技术发展的成果。财务管理信息化不同于以往财务管理中的计算机应用，也不是简单地通过计算机进行财务管理的辅助决策，而是一套完整的财务管理信息化概念的运用以及应用架构建立的过程。

财务管理信息化是在企业管理环境及信息技术基础上，对企业业务流程和财务管理方式进行整合与改进，以形成科学、高效的信息化财务决策和控制过程，以实现企业价值最大化为最终目标。

（二）财务管理信息化的特点

相比于其他信息化过程，财务管理信息化具有以下三个特征。

1.弹性边界

财务管理工作存在于企业经营管理活动的各个环节，财务决策和控制贯穿于企业基本业务流程的始终，财务管理信息化也必然要渗透在企业管理活动的各个环节中。财务管理信息化随着企业信息化推进扩展到整个企业甚至是产业链中，其边界将变得模糊化。特别是新兴信息技术逐步应用到财务管理信息化中，使财务管理活动与企业其他管理活动逐渐融合，成为一个不断优化整合的过程。

2.自适应性

决策是财务管理的核心内容。财务决策的环境不是一成不变的，而是充满未知和变化的，参与决策的各种信息和数据的来源极其广泛，这也使得财务决策无法通过统一的流程与模式实现。可以说，财务管理信息化成功与否的关键就在于是否能实现满足客户需求的财务决策。一个理想的财务管理信息化系统并不是一个僵化、简单的操作系统，而是一个能够提供决策和管理的信息化平台。要真正实现财务管理信息化，必须能够结合企业管理环境及管理水平给用户构建一个实现系统自适应性的信息化平台。

3.决策与控制相集成

财务管理信息化是集信息处理与企业控制的过程，并不是传统的用丁数据采集、加工、输出等开环控制过程的信息系统，这也是财务管理信息化与传统的信息系统的本质区别之一。

财务管理信息化不同于其他信息系统，它是一个闭环的控制过程，并非单纯地提供参与决策的各种信息，而是将决策结果尽可能转化为控制过程，并确保控制的有效实施。

三、财务管理信息化的未来发展情况

在机遇与风险并存的信息化时代，高效、科学的管理是每个企业的现实需求，财务管理信息化能够充分运用信息化技术，提高企业管理的效率和运作水平，所以是未来企业发展的重要趋势，是满足企业高效管理需求的重要措施。

近年来，现代信息技术飞速发展，已经深入人类生活的方方面面。在企业中，信息技术应用于企业财务管理的各环节中，企业对于实现财务管理信息化的需求也愈加迫切，市面上也推出了多款综合性财务办公软件。

首先，财务管理信息化是时代所趋、众望所归的，信息化技术将会运用于财务管理的各方面、各环节。通过信息技术能够实现财务管理所有事项的综合化、一体化管理，从而实现优化财务管理流程、提高管理效率和增强管理功效的目标。

其次，信息技术加快了会计核算与财务管理结合的进程。信息技术使资金支付过程转变为会计审核工作，减少重复的工作流程，提高了工作效率。电子审批单据转化为财务核算软件的会计凭证已经切实可行，预算管理、制度管理、业绩考核评价等财务管理工作都会充分运用信息技术，提高企业的运营效率。

再次，信息技术实现了财务管理与业务管理的一体化，能够对业务、财务计划的实施进行实时反映，使财务信息更加透明化、共享化。财务管理信息的使用按不同级别、不同权限进行使用，进一步加强财务管理与业务管理，并在预算执行阶段就可完成预算偏差的校正，提高了企业管理制度的执行能力。共享财务信息可在一定程度上对管理层次进行压缩，减少管理链条促使管理目标更加清晰。

最后，预算管理与控制执行相结合是财务管理信息化的未来发展趋势。采用传统预算管理方式的企业中，预算管理与资金支付管理相互独立，造成了预算执行财务数据反应与预算分析总结滞后，偏差无法及时纠正，预算执行效果不良。而通过现代信息技术的支持，尤其是随着财务共享中心的兴起，财务管理逐步应用统一的财务管理信息化系统，实现了预算管理与资金支付的一体化。

（一）财务共享中心对企业财务管理信息化的提升

随着市场经济的发展，财务管理对企业发展的重要性日益凸显，越来越多的企业更加重视企业财务管理水平的提高。复杂的财务管理工作需要财务人员具备较强的专业技能和信息化水平。为了有效强化企业财务管理水平，应当加强对财务人员培训、完善财务管理系统、优化财务管理理念，最大程度发挥财务共享中心的优势，使企业财务管理信息化水平能够更好地适应社会经济发展的需要。

1.依托财务共享中心实施企业财务管理信息化的优势

财务共享中心随着现代信息技术飞速发展逐渐兴起，被广泛地应用到现代企业财务管理信息化工作中。财务共享中心的应用打破了传统财务管理多部门模式的限制，通过智能化信息技术整合财务部门，结合企业实际建立新型财务管理服务模式，将财务信息整合在一个部门中，进而优化财务管理部门智能水平，在一定程度上降低了企业经营成本，不仅使财务管理工作更加简单、快捷，而且实现了信息共享。同时，财务共享中心优化了企业财务管理的工作结构，提高了企业财务管理水平，使企业在日益激烈的市场竞争中具有更大优势。市场风险的加剧使企业财务工作的难度增加，财务共享中心模式的出现改善了传统财务管理工作职能单一的局面，在一定程度上为财务人员减轻了工作负担，从而提升了企业财务管理工作的效率。

财务共享中心的应用提高了企业财务管理工作的准确性，保障了财务信息的安全性，进一步规范了企业财务管理工作模式，对财务数据和信息进行有效整合与统一管理，提高了企业财务管理的效率。财务管理工作的准确性是保障企业良好运行状态的重要前提，财务共享中心优化了企业财务管理的内部结构，提高了财务信息的准确性，从而促进了企业的可持续发展。

财务共享中心确保了企业规模的有序扩张与标准化发展。健全完善的财务共享信息系统能够有效整合企业资源，合理优化人力资源配置，进一步优化财务管理工作流程，实现了财务管理工作的整体性，提高企业财务管理水平。财务共享中心加强了各部门间的沟通与信息交流，相应地，也对财务人员提出了更高要求，如除了具备较强的综合素质和专业技能外，还应充分了解企业财务管理的工作流程。此外，还可以根据财务人员的专业技能分配其适合的岗位，进一步提高财务管理信息化工作的效率。

2.依托财务共享中心提升企业财务管理化水平

（1）建立健全完善的财务管理系统。财务共享中心为企业财务工作带来了更多的便利，健全完善的财务管理系统能够进一步从整体上提高企业管理水平。企业在不断发展，企业规模不断扩大，财务部门分工更加复杂，也造成了财务管理部门间权责不明，降低了财务部门的监管力度。财务共享中心的应用完善了企业财务管理工作，优化了财务管理部门的内部结构，有效整合了财务信息，保障了财务信息的准确性和安全性，确保了财务管理系统的正常运行。财务部门应定期检测财务信息，做好财务分析工作，整合财务信息，对财务管理流程进行梳理，根据财务工作的实际情况合理分配人力资源。同时，应基于企业整体发展规划制定相应的财务管理运行机制，统一管理财务信息，将财务运行风险、融资风险等都纳入财务管理信息化系统中，强化预算管理工作，在整体上提高企业管理信息化的水平。

（2）提升企业财务管理信息化水平。财务共享中心显著提高了企业财务管理信息化水平，企业财务管理工作效率得到进一步提升。随着现代信息技术的飞速发展，企业可以依托财务共享中心强化企业财务管理信息化建设，再造财务管理信息化工作模式和管理流程，结合企业自身实际情况优化财务管理系统，进一步促进企业财务管理系统的信息化。充分发挥财务共享中心的优势，加强财务数据的信息化处理流程，保障财务数据的准确性和安全性，规范财务管理工作标准。

（3）优化企业财务管理的流程。财务管理流程混乱是我国部分企业存在的问题，而完善财务管理工作流程正是财务共享中心的一大优势。通过规定工作内容、强调工作方法以及利用智能化信息技术对财务管理工作过程进行实时监督等方式，确保财务人员处理财务管理业务流程的完整性与正确性。企业财务管理与财务共享中心的质量管理理念相结合，进一步规范企业财务管理模式，简化财务管理工作流程，在一定程度上降低了企业的经营成本。同时，结合市场变化对财务管理流程进行技术调整，利用财务共享中心优化企业内部资源与外部资源，使企业能够更好地应对市场变化与时代发展。

在信息技术飞速发展的今天，需要充分利用现代信息技术，发挥财务共享中心的优势，健全完善企业财务管理系统和财务管理流程，从整体上提升企业财务管理水平。同时，要加强财务人员的培训，强化专业技能，提升综合素质，提高财务管理工作水平和工作效率。

（二）大数据的发展推动财务管理智能化发展

目前，资源管理逐渐成为企业管理的主要任务，会计的工作职能也从单纯的账务管理向辅助决策、辅助分析、辅助管理的方向发展。同时，随着现代信息技术的普及，ERP系统（electronic public relation system）及企业流程再造等系统在我国企业中的广泛应用，推动财务工作由电算化向信息化发展，财务活动和业务活动实现了信息化处理，展现出高效、快速、易用的新特点。

近年来，随着移动互联、大数据、云计算、人工智能等技术飞速发展，财务工作也发生了巨大变化。一方面，新型商业模式的产生对现有企业财务管理模式提出了新要求；另一方面，随着智能化、自动化信息平台的出现，提升了管理会计应用深度和广度，进而推动了企业财务模式从单纯核算向智能化方向发展。

1.智能财务

以智能决策、智能行动、数据发现为核心的智能管理系统是智能财务的主要表现，能够辅助企业决策层进行智能判断。

智能化应用于财务工作中有得天独厚的条件，大数据本身就包含了财务数据，更容易应用于财务管理工作中。智能化更加适应基于多变量的可描述规则，这恰好也是企业会计准则的体现。财务工作中存在大量的重复性工作，这些都可以通过智能化工具轻松实现。

在智能财务阶段，信息的收集、整理、加工、分析、展现等仅仅是信息系统的一部分功能，更重要的是可以通过信息系统代替企业管理层制定决策。根据企业需求收集相应数据并进行深度分析，就可以快速、准确地计算、模拟出结果并做出判断给出决策结果。

一般来讲，完整的智能财务体系应具备三个层级和一个能够贯穿智能财务三个层级的智能财务平台。三个层级分别为基础层、核心层和深化层。基础层是基于流程自动化的财务机器人，核心层是业务财务深度一体化的职能财务共享平台，深化层是基于商业智能的职能管理会计平台，这三个层级都通过基于人工智能的智能财务平台进行整合。随着未来人工智能技术的不断发展，智能财务平台将会继续向三个层级渗透和深化。

2.基于流程自动化的财务机器人

2017年国际四大会计师事务所陆续推出了财务机器人，这个名为RPA的新鲜事物逐渐由审计领域进入更广泛的财务领域。RPA（robotic process automation）即机器人流程自动化，它不是物理形态的、有物理实体的机器人，而是一种软件技术，可以模拟人类的脑力劳动，自动化地完成规则导向、结构化的、可重复的工作。财务工作中存在大量标准化、重复化、技术含量较低的工作，通过RPA就可以代替人工高效、准确地完成这部分工作，如数据采集、数据审核、自动月结、自动银行对账等。

随着人工智能技术的不断发展，RPA可以在很多财务领域中发挥作用，如按照一定规则执行重复性操作；应用于中央服务器的部署与管理，实现业务应用程序的交互；融合财务共享业务流程，提升财务工作效率，强化财务管理；与大数据、云计算等技术相结合，提高财务工作智能化。

3.基于业财深度一体化的智能财务共享平台

RPA代替人在传统财务业务规则下进行重复烦琐的工作，实现了自动化处理，而基于业财深度一体化的智能财务共享平台对传统财务流程实现了再造。

只有与业务实现真正的融合才能使财务发挥出价值创造的效力，尽管人们已经意识到业财融合的重要性，但很少有企业成功实现业财一体化。业财融合需要企业业务流程、会计核算流程和管理流程的融合，构建以业务驱动财务一体化信息处理流程，实现最大限度的数据共享，使得业务数据和财务数据融为一体，从而掌握企业经营的实时情况。但在传统企业管理体系中，业务流程、会计核算流程、管理流程都是相互独立的，缺乏使其有机融合的有效技术手段。

基于业财深度一体化的财务共享平台的应用使企业传统财务流程得以重构，实现流程自动化、数据真实化、交易透明化，企业得以回归以交易管理为核心的运营本质。通过建立内外部融合的新型财务运营管理体制以及基于财务共享平台的线上商城，将大宗采购业务、公务用车、办公用品、差旅服务全部互联网化，实现了供应商与客户之间的直接交易，极大地简化了财务处理流程，无论是大宗采购还是企业日常消费，都可以在线上实现完成，并能实现自动对账报销，使企业的业务流、财务流、管理流实现有机融合。

4.基于商业智能的智能管理会计平台

由财务核算向财务管理的转变已是大势所趋，换一个角度来看，以财务会计为主导的财务工作向以管理会计为主导的财务工作转型是必然的。管理会计实质上就是在收集、分析数据的基础上实现精细化管理与量化管理，收集、整理、加工、分析数据的能力也是管理会计能力的体现。

小数据、业务数据、社会大数据是企业经营过程中一般要面对的三类数据。很长一段时间以来，小数据和结构化数据是企业应用的主要数据，而这些仅仅是企业接触数据中的一小部分，而那些内容更加丰富、蕴含大量潜在价值和规律的非结构化数据和半结构化数据往往很难被清洗、整理、加工出来，处于沉睡状态。这些数据包括各种格式的文本、图片、报表、办公文档、图像、音频和视频信息等，内容涉及客户特征、消费者购买习惯与购买偏好等相关联的有价值信息。实际上，人们已经意识到这些一直被忽略的非财务数据、非结构化数据、半结构化数据等才是企业决策者真正需要的数据信息，数字化对财务工作的重要影响就是对数据需求和数据应用的影响，依托智能技术可以在海量的数据中收集、整理那些非结构化数据、半结构化数据并加以利用。

商业智能（business intelligence，简称BI），通过现代数据仓库技术、线上处理技术、数据挖掘技术、数据展现技术等整理、分析数据以实现其商业价值。基于商业智能的智能管理会计平台具有灵活性强、视角广的技术特点，能够充分发挥商业智能模型化的功能，帮助企业获取多维度、立体化的信息数据，向企业管理层提供智能化、科学化信息支持。

第二节　财务管理信息系统

一、财务管理信息系统

（一）财务管理信息系统的定义

管理信息系统可分为TPS（事务处理系统）、MIS（管理信息系统）、DSS（决策支持系统）和AI/ES（人工智能/专家系统）四个层次。

最底层的TPS系统用于记录和保存企业活动的基本信息；MIS系统用

于整理并简单分析各项信息；DSS 系统用于向企业高层提供支持决策的相关信息；AI/ES 系统用于对信息做出反馈、管理和控制。完整的财务管理信息化实际上是 DSS 系统与 AI/ES 系统的有机结合，根据 MIS 系统提供的数据得出支持决策的信息，通过系统控制实现财务管理与控制。

目前，学界对财务管理信息系统的定义仍然没有形成一致的认识。以系统论的观点来看，财务管理信息系统的定义应包含财务管理信息系统的目标、构成要素以及财务管理信息系统的功能等几部分内容。

（1）财务管理信息系统的目标要以企业财务管理的目标为最终标准，换言之，财务管理信息系统的最终目标即实现企业价值最大化，这个目标通过决策支持得以体现。相比于传统信息系统，财务管理信息系统工作的中心是支持决策活动和控制过程。

（2）信息技术、数据、模型、方法、决策者和决策环境等是构成财务管理信息系统的主要部分。

（3）财务管理信息系统的功能主要体现在财务决策和财务控制两个方面。财务决策和财务控制是现代财务管理基本职能，其他工作职能都可以视为财务决策和财务控制派生出的职能。

综上所述，财务管理信息系统可定义为在信息技术与管理控制的环境下，由决策者主导和获取支持决策的数据并构建决策模型用于财务决策，并将决策转化为财务控制，以实现企业价值最大化为目标对业务活动进行控制的管理信息系统。

在很长的一段时间人们对财务管理信息系统都没有形成一个明确的认识，曾提出过"理财电算化"的概念，其实质就是通过工具软件构建财务管理分析模型。"理财电算化"的提出很容易让人对财务管理信息化产生错误的认识，认为财务管理信息化就是单纯地在财务管理工作运用计算机技术。

财务管理系统的提出帮助人们纠正了对财务管理信息化的错误认识，以系统论思想为指导建立财务管理信息系统，而且随着现代信息技术的飞速发展，构建财务管理信息系统的各项条件均已实现。

（二）财务管理信息系统的特点

财务管理信息系统的特点从其定义中就可看出，主要概括为动态性、决策者主导、与其他管理信息系统联系紧密、高度的开放性与灵活性四大特点。

1.财务管理信息系统的动态性特征

财务管理环境决定了财务管理活动，而企业的财务管理环境是在不断变化的。企业财务决策与控制策略取决于企业战略，所以财务管理信息系统没有统一的标准，不同企业间也很难互相参照，这也就决定了企业管理系统的动态性特征，会随着企业战略与财务管理环境的变化而变化。

2.财务管理信息系统由决策者主导

低端的信息系统能够实现高度的自动化处理，但财务管理信息系统不同，它面向的是企业的高层，为企业高层的决策活动服务，所以财务管理信息系统会涉及大量的分析和比较，需要进行智能化的处理过程，这就决定了财务管理信息系统由企业决策者主导。

3.财务管理系统与其他管理信息系统的联系密切

财务管理信息系统包含在整个企业信息化系统之中，是组成企业信息化系统的重要部分。支持决策的数据来自不同的信息系统，财务管理信息系统需要实现与其他信息系统的数据共享或系统的集成。财务控制的执行依赖于各业务系统的子系统，需要具备确保财务计划、财务指标等各项控制措施"嵌入"信息系统的能力，充分发挥财务管理信息系统的控制能力。

4.财务管理信息系统具有高度的开放性和灵活性

财务管理信息系统高度的开放性和灵活性是为了适应复杂多变的决策环境和不同财务管理模式的结果。首先，财务管理信息系统应允许管理者制订个性化决策过程和控制流程，能够根据不同需求重组和构建企业财务管理的流程；其次，财务管理信息系统应具备支持不同数据库管理系统和异构网络的功能；最后，财务管理信息系统应具有一定的可扩展性和良好的可维护性，能实现动态的财务管理。

（三）财务管理信息系统的基本运行模式

财务管理信息系统运行分为财务决策环境的分析、制订、实施以及控制评价四个阶段过程。这四个阶段都要在一定的企业环境和信息技术环境下实现，彼此联系，共同构成财务管理信息系统的基本运行模式。

财务决策环境分析阶段，需要对财务决策进行风险评估，明确决策目标以及决策的各项约束条件和达成目标的关键步骤。这是财务管理信息系统运行的第一个阶段，也是财务决策的准备阶段。通过信息技术平台能够获取相应的信息，并引入财务决策过程中。

财务决策制订阶段是构建财务决策模型的阶段，通过决策模型获取支持决策的所有数据，并通过大量的比较与分析从众多方案中选出最优方案，并生成相应的计划、指标和控制标准。

财务决策执行阶段需要根据决策方案进行预算并进行资源配置，控制财务决策的执行过程，包括执行进度、预算执行、资源消耗情况等。

财务管理控制评价阶段将评价结果与预期控制指标进行比较，看是否存在偏差。若存在偏差则需分析产生原因，并进行修正。若判断为决策失误，则需重新制定决策；若决策执行过程中存在偏差，则需重新评估决策环境。

财务决策的执行阶段和控制评价阶段在实际的财务管理信息系统中通常会集成于具体业务处理系统中。财务管理信息系统是具备和业务处理系统的数据接口共享的集成化控制平台，从而保证了财务管理信息系统职能的发挥。

（四）财务管理信息系统的功能结构

决策与控制是信息化环境下财务管理的两大基本职能，财务管理信息系统也是围绕这两个职能展开功能结构的。

财务决策子系统主要包括企业筹资决策信息化、投资决策信息化、股利分配信息化三部分内容。具体地，财务决策子系统包括用户决策需求分析、决策环境分析、决策模型构建、决策参数获取、决策结果生成等模块，并包含模型库、方法库和数据库等基本数据库管理系统。

预测是综合历史数据和现在获得的信息、数据进行科学分析，推测事物发展可能性与必然性的过程。信息技术为预测创造了更好的条件，数据库能够提供海量数据，计算工具能够计算出更为科学、准确的预测方法。财务预测信息化包括利润预测、市场预测、销售预测、资金需求量预测、企业价值预测、财务风险预测等。

以往的财务评价通常为单纯的财务指标评价，而在信息化环境下，财务评价是对企业财务状况进行多层面、多维度的综合性评价。相较于传统财务，财务评价多发生在事后，通过财务管理信息化可以实现事中评价，能够有效地预警可能出现的财务风险。

预算控制子系统根据企业决策及决策方案中提出的计划和指标等进行预算，并且对预算进行执行、管理与监控。

在财务管理信息化中，现金管理是非常重要的内容。随着线上交易的逐渐成熟，现金管理不再局限于纸质货币的管理与对账，电子货币及其转化形式的结算、核对与网上管理都是现金管理的重要内容。此外，现金管理还有一个重要的工作内容就是合理控制现金支出，并判断企业现金流的变动，根据现金需求及时做出合理安排。对规模较大的企业而言，还可以通过核算中心实现企业内部现金的统一配置与管理。

成本控制子系统与成本核算子系统共同完成成本计算、成本分析等工作，并通过各种手段合理降低生产成本。

二、信息时代的财务管理平台

（一）财务管理信息化中的主要信息技术

财务管理信息化除了构建信息平台的基本技术外，还需要应用其他信息技术以更好地完成财务管理目标。

1.因特网、企业内部网和企业外部网技术

（1）因特网技术。因特网是一种全球计算机网络系统，其按照一定的通信协议，通过各种通信线路将分布于不同地理位置上、具有不同功能的计算机或计算机网络在物理上连接起来。因特网技术是以通信协议为基础组建的全球最大的国际性计算机网络。通过因特网可以收发电子邮件，远程登录访问系统资源，进行文件传输，通过万维网访问各种链接文件等。企业中的部门与部门以及企业与企业之间都可以通过因特网及时、便捷地分享各种信息，实现低成本的集成、协调管理的目的。

（2）企业内部网络技术。企业内部网是按照因特网的连接技术将企业内部的计算机或计算机网络连接起来的企业内部专用网络系统。企业内部网只在企业内部进行信息和数据的传输与交换，涉及企业内部经营管理的各方各面。企业内部网是实现电子商务的基础，企业内部网的用户都使用同样的网络浏览器，企业的决策执行、生产分工、销售等一系列商务应用都可以在企业内部网上一目了然，使企业内各部门之间的联系和协作更加流畅、快捷。同时，在企业内部网上，信息的存放位置都是单一的，使企业内部信息更加便捷，实现了企业内部信息的高度共享以及动态、交互式地存取信息。

（3）企业外部网技术。企业外部网是利用因特网技术将企业内部网与企业外部的销售代理、供应商、合作伙伴等联结起来形成的信息交换网络。价值链中的几家企业共享一个封闭网络，能够更加方便、快捷地实现企业间的信息共享与线上交易，还能避免因特网安全问题带来的风险。

2.电子商务技术

随着信息技术的不断进步与发展，经济全球化不断深入，电子商务的概念和内涵也在不断扩充和发展。直到今天，人们仍然没有对电子商务下一个统一的定义，我们可以认为电子商务是以现代信息网络为载体的新型商务活动形式，是通过信息网络实现商品与服务的所有交易活动。

从企业的角度来看，电子商务既是面向外部市场的商务活动，也是面向内部的经营管理活动。通过进行因特网电子数据交换，企业的一切商务活动如广告宣传、网络营销、产品发送、业务协作、售后服务等都可以实现。而在企业内部，可以通过信息化、网络化管理实现企业内部活动与外部活动的协调一致。与传统贸易活动相比，电子商务具有以下优势和特点。首先，开放性的电子商务平台使商务活动打破了空间的限制，为企业搭建了进入更大范围市场的桥梁。因特网的覆盖面为企业提供无限大的市场，电子商务应用使得许多服务能够通过信息技术完成，从而更好地满足了人们的需求。其次，电子商务为全球商务活动的统一打下了基础，电子商务实现了全球范围内的信息共享，这也要求企业在相应的技术条件下遵守相同的商务规则，促进了全球商务活动的统一。再次，安全性是电子商务必须考虑的重点问题。交易信息的保护以及交易的安全性成为电子商务发展的重要环节，建立、健全电子商务相关法律法规，规范电子商务交易环境也是新环境下的重大课题。最后，电子商务在打破空间壁垒的同时也对企业协调能力提出了新的要求。商务活动是一个与供应商、客户、合作伙伴相互协调的过程。比如，在世界范围内采用开放的、统一的技术标准，建立统一的商务平台、电子税收分配机制等。

3.数据仓库、数据挖掘与商务智能技术

（1）数据仓库。数据仓库是一种由面向决策的多数据源集成的数据集合。数据仓库不是数据库，它面向的是决策，用于管理层管理决策信息并进行分析，可以通过数据挖掘技术在数据仓库中获取决策分析所需的各项信息。

（2）数据挖掘。数据挖掘是从大量数据中提取有用信息并对未来进行预测的过程。数据挖掘以挖掘对决策有价值的、有用的信息为根本目的。

（3）商务智能技术。商务智能技术目前仍然没有一个统一的定义，广泛的说法是通过信息技术收集、管理、分析信息和数据的过程或工具。商务智能技术的目标是改善决策水平，提高决策的及时性、正确性和可行性。

4.信息系统集成技术

集成是将系统或系统的核心部分、核心要素连在一起使其成为一个整体的过程。在企业信息化中，集成用于构建复杂系统以及解决复杂系统的效率问题。笼统地说，信息系统集成能够优化企业业务流程，实施绩效的动态监控，有效解决信息孤岛化的问题。

根据信息层次的不同可将信息系统集成划分为物理集成、数据和信息集成以及功能集成三种。物理集成是构建一个包含硬件基础设施和软件系统的集成平台，实现系统运行与开发环境的集成；数据和信息集成是将数据与信息进行统一规划、存储和管理，实现不同部门、不同层级间高效的信息共享；功能集成是将各部门的各项功能进行统一规划和分配，在应用上实现各部门功能的协同处理。

（二）财务管理信息系统的技术平台

财务管理信息系统的技术平台由各种网络化基础设施和软件系统组成。包括网络化硬件基础设施、支撑软件系统、应用软件系统、企业应用模型、企业个性化配置系统和安全保证体系六个部分。

1.网络化硬件基础设施

网络化硬件基础设施是指构成财务管理信息系统的硬件设备，为财务管理信息化的正常运行提供了必备的硬件环境。网络化硬件基础设施是财务管理信息化技术平台的物质基础，是实现财务管理信息化的前提条件。

2.支撑软件系统

支撑软件系统是支撑财务管理信息平台的基础软件系统，包括网络操作系统、数据仓库、各种工具软件等。支撑软件系统的安全影响着应用系统和系统业务内容的安全。

3.应用软件系统

应用软件系统是企业结合自身需求选择并实施的财务管理信息系统。通常，单个企业会选择资产管理系统、筹资管理系统、投资管理系统、预算管理系统、成本管理系统等几个部门，集团企业还需增加战略规划系统、风险管理系统和集团资金管理系统等集团财务管理信息化方面的应用软件系统。

4.企业应用模型

企业应用模型是指企业信息化所采用的模型。企业可以根据自身情况与需求自定义企业应用模型，如业务模型、功能模型、组织结构模型等，并通过相应的支撑软件平台定义各模型的功能系统、组织结构、配置系统参数等。

5.企业个性化配置系统

企业个性化配置系统能够根据企业的应用模型在系统中选择满足企业管理需求的功能需求，并能根据应用模型的需求配置各项参数，构建一个既符合企业特点又能满足企业需求的个性化系统。

6.安全保证体系

安全保证体系是为财务管理信息化技术平台以及信息处理内容提供安全保障的所有要素构成的系统总称。安全保证体系包括安全风险分析与评价、安全保障技术、安全控制措施以及法律法规体系、安全机制的构建、信息安全机构的设置、安全产品的选择等。

三、财务管理信息系统的开发利用

财务管理信息系统与其他信息系统一样都是一个复杂的系统工程，涉及面广、联系的部门多，与企业的管理、业务、组织等都息息相关。

（一）财务管理信息系统的开发方法

财务管理信息系统开发方法是软件开发具体工作方式的具体描述，详细给出了软件开发工作中各阶段的详细工作办法、文档格式、评价标准等。在确定了信息系统的开发模式后，就要按照一定的开发方法进行系统的开发。常见的系统开发方法有结构化系统开发方法和面向对象的开发方法。

1.结构化系统开发方法

结构化系统开发方法是目前普遍使用的较为成熟的系统开发方法，它采用系统工程开发的基本思想，将系统结构化和模块化，然后对系统进行自上而下的分析与设计。具体地将整个信息系统进行规划，划分为若干个相对独立的阶段，对阶段进行自上而下的结构化划分。在划分过程中，应从最顶层着手，逐渐深入至最底层。在进行系统分析和设计时，先从整体入手再考虑局部。而在系统实施阶段就要实行由下至上的实施方法，从最底层模块入手。最后，按照系统由下至上地将模块拼接起来并进行调试，组成一个完整的系统。

在划分系统时，通常将系统分为系统规划阶段、系统分析阶段、系统设计阶段、系统实施阶段以及系统运行与维护阶段五个首尾相连的阶段，也叫系统开发的生命周期。

（1）系统规划阶段。根据系统开发的需求做初步调查，确定系统开发的目标和总体结构，明确开发过程中各个阶段的实施方法与可行性分析，生成可行性分析报告。

（2）系统分析阶段。这是系统开发的第一个阶段，围绕系统开发的目标深入调查线性系统与目标系统，通过系统化分析建立系统的逻辑模型。在系统分析阶段，主要是对管理业务流程和数据流程进行调查并形成系统分析报告。

（3）系统设计阶段。该阶段是根据上阶段构建的系统模型设计物理模型，主要为总体结构设计和详细设计，形成详细的系统设计说明书。

（4）系统实施阶段。系统实施阶段是根据上阶段的设计进行程序设计与调试、系统转换、数据准备、系统试运行等。同时，还要形成相关技术文本，如程序说明书、使用说明书等。

（5）系统运行与维护阶段。这一阶段也是系统正式开始运行的阶段，主要任务是负责系统的日常管理、维护与系统评价。

2.面向对象的开发方法

面向对象的开发方法是以人对客观世界的习惯认识与思维研究、模拟现实世界的方法。在这个方法中，客观事物都可视为一个对象，客观世界就是由一个个不同的对象构成的，每种对象都有自己的运行规律和独特的内部状态，不同对象之间相互作用、相互联系共同构成了完整的客观世界。

面向对象的开发方法强调以系统的数据和信息为主线进行系统分析，通过全面、详细的系统信息描述指导系统设计。面向对象的开发过程通常分为需求分析、面向对象分析、面向对象设计以及面向对象程序设计四个阶段。

（1）需求分析。调查研究系统开发的需求和系统的具体管理问题，明确系统的功用。

（2）面向对象分析。在问题域中识别出对象以及对象的行为、结构、数据和操作等。

（3）面向对象设计。进一步抽象、整理上述分析结果并形成确定的范式。

（4）面向对象程序设计。将上一阶段整理出的范式用面向对象的程序设计语言直接映射为应用程序。

运用面向对象的开发方法时，系统分析和系统设计需要反复进行，充分体现了原型开发的思想。

（三）财务管理信息系统的需求分析

财务管理信息系统的需求分析是十分必要的。无论信息系统采用哪种开发方式和开发方法，只有通过需求分析才能明确系统的功能和性能，为后续的开发奠定基础。需求分析实质上是一个逐渐加深认识和细化的过程，通过需求分析，能够将系统的总体规划从软件工作域逐步细化为能够详细定义的程度。

系统的使用者对需求分析也具有重要作用。使用者规定了基本的系统功能和性能，开发人员在使用者的基本需求基础上进行调查分析，将使用者的需求转换为系统逻辑模型，最终以系统说明书的方式准确地表达出来。

需求分析即细化系统的要求，全面、详细、系统地描述系统的功能和性能，明确系统设计的限制以及与其他系统的接口细节，对系统其他有效性需求进行定义。通过需求分析，将系统的需求细化，为系统开发提供必备的数据与功能表示。在完成系统开发后，系统需求说明书还将成为评价软件质量的重要依据。

需求分析的工作过程可以概括为问题识别和分析与综合。

（1）问题识别。通过分析研究系统分析阶段产生的可行性分析报告和系统开发项目实施计划，明确目标系统的需求、需求应达到的标准以及实现这些需求所需的条件。系统需求主要包括功能需求、性能需求、环境需求、可靠性需求、安全保密需求、用户界面需求和资源使用需求等。

（2）分析与综合。细化各系统功能，明确系统不同元素之间的联系和设计上的限制，分析其能够切实满足系统功能的要求，明确系统功能的每一项需求。在明确系统功能需求的基础上分析其他功能需求，进行合理的改进、补充和删改，形成最终的逻辑模型并详细地描述出来。

第三节　财务管理信息化的应用

财务管理信息化是企业信息化的重要组成部分，因此，各界对财务管理信息化的关注也越来越多。随着现代信息技术与科技的不断发展，财务管理信息化逐渐从单纯的财务管理模型的构建与应用中走出来，并向系统应用、集成应用、开放应用方面转变。不同层级的财务管理信息化应用并不是相互排斥、相互矛盾的关系，而是存在着密切的联系，是相互包容的。

一、企业级财务管理信息化应用

企业级财务管理信息化应用是指在企业范围内构建财务管理信息化系统，决策信息面向企业管理层。根据财务管理信息化在企业应用阶段的不同，还可划分为局部财务管理信息化应用与整体财务管理信息化应用两种。

（一）局部财务管理信息化应用

1.局部财务管理信息化应用的主要内容

企业在应用财务管理信息化初期，财务管理信息化活动只在财务部门内部，主要是通过计算机或搭建的网络平台完成财务分析、财务决策、财务预算等活动，为企业管理层提供相关的决策信息。局部财务管理信息化应用的主要内容包括财务分析、投资决策、筹资决策、股利分配和经营决策五个方面。

（1）财务分析。在局部财务管理信息化应用中，财务分析主要以财务报表及其他资料作为主要依据和分析起点，主要通过比较分析法或因素分析法，分析、评价企业过去及当下的经营成果和财务状况，以了解企业过去的经营状况和财务状况，对当前企业经营情况进行评价，以便对企业未来经营状况进行预测，帮助企业改善经营决策。

（2）投资决策。为使企业经济资源得到增值，企业会进行一系列的投资活动。根据投资的形式不同，投资可分为实物投资与金融投资两种。经济资源是企业的稀缺性资源，因此企业投资会首先考虑投资的有效性和投资效率。在财务管理信息化环境下，企业会利用计算机网络系统，采用更加先进的方法和手段分析投资项目的财务可行性，为企业制订投资决策提供科学、准确的信息支持。

（3）筹资决策。为了满足企业的资金需求，需要进行筹资活动、集中资金。在财务管理信息化环境下，筹资决策的核心内容是确定企业的资本结构，选择恰当的筹资方式，此外还负责明确企业资金需求量、长期负债比例规划等。

（4）股利分配。股利分配实质上是筹资活动的延伸。企业在获取利润后，会根据股利分配原则将一定股利发放给股东，其余利润会继续使用在企业投资活动中。

（5）经营决策。经营决策囊括了企业日常生产、经营活动中的各种决策。传统手工操作中，财务部门与其他部门之间的信息联系较少，缺乏有效沟通，财务部门也很少会参与到企业的生产、经营决策中。而在财务管理信息化环境下，企业财务部门能够与其他部门取得有效的信息交流，使财务决策与生产、经营决策实现有效协作，共同完成企业战略决策。如在制订采购计划时，会根据企业成本规划控制现金支出。

（二）局部财务管理信息化的实现策略

局部财务管理信息化主要面对临时性、偶然性的财务管理需求，或独立的财务需求，多采用灵活的方法和手段，但缺乏系统性。因此，在局部财务管理信息化应用中，财务管理信息化主要通过计算机网络平台，面向决策需求制作决策模型，快速生成决策所需的辅助决策结果。

1.通过工具软件构建财务管理模型

（1）数据获取。在这一模式下，由于缺乏覆盖企业范围的网络平台和数据仓库技术的支持，财务决策与控制所需的基础数据并没有独立的存在，而需要依赖于其他信息系统提供，在局部应用阶段，数据获取的主要方式如下。

在局部财务管理信息化应用中，由于财务管理信息化仅局限于财务部门，没有构建覆盖整个企业范围的数据仓库和网络平台，因此财务决策与财务控制所需的各项基础数据都要从其他信息系统中获取，获取方式主要通过手工录入、查询导出、数据库导出和通过工具软件获取外部数据四种方式。其中，手工录入、查询导出以及数据库导出都是一次性获取数据的方式，而通过工具软件获取外部数据的方式是一种动态获取数据的方式，但应用难度比较大，使用者需要熟练掌握SOL语句，并且能够识别会计信息系统的数据库结构。

（2）工具软件的选择。在局部财务管理信息化应用中，财务管理活动主要通过Excel等工具软件实现。这些工具软件能够提供大量的计算方法和分析方法，既能完成简单的计算工作，还能够完成数据统计、分析、预测等任务，同时具备线性规划、单变量求解、数据透视等功能。除了具备强大的数据处理功能外，这些工具软件还能为决策模型提供构建平台。在财务管理中，大多数决策模型都以图标的形式构建，因此，应用于局部财务管理信息化中的工具软件都具有强大的图形制作功能与制表功能，能够支持决策模型的构建。除上述功能之外，一定的数据获取能力也是工具软件需要具备的，可以在一定程度上获取支持决策信息的基础数据。实际上，在财务管理信息化的初期阶段，获取有效的支持决策数据是影响决策效果的主要因素。尽管工具软件具备一定的数据获取能力，在一定程度上能够获取不同层面的相关数据，但软件本身的数据存储能力与数据管理能力较差。由于决策过程的特征，管理信息化系统相比于会计信息系统具有更加强大的交互能力，能够确定用户的决策需求，动态地获取支持决策的各项数据，最终生成科学的决策结果。因此，在局部财务管理信息化应用中，以 Excel 为代表的工具软件是实现简单财务决策和财务分析的良好工具。

（3）构建模型。上面我们提到，Excel 具有强大的数据处理功能和简单、方便的操作界面，是局部财务管理信息化应用中构建财务决策模型的常用工具软件之一。通过 Excel 构建财务管理决策模型主要有五个步骤。下面做简单概括介绍。

步骤一，根据财务管理理论构建决策所需的数学模型，数学模型是构建财务决策模型的关键环节。

步骤二，确定数学模型中的参数、参数的来源及获取参数的途径。通过 Excel 获取参数的途径有三种：手工录入、外部数据导入和外部数据。对于少量零散的数据可以直接通过手工录入的方式获取；批量数据可以通过财务软件将数据转化为中间数据状态，再通过 Excel 软件的"外部数据导入"功能将数据导入软件，或者通过 Excel 的"建立查询"功能，构造 SOL 语句直接获取外部数据。

步骤三，设计决策模型表格。在 Excel 中，决策过程与决策结果通常以表格的形式表现，设计的表格要能清晰、直观地反映数据计算的经过，既便于理解又能反复多次利用。在常用的决策模型中，通常会用两个或多个表格分开表达决策参数和决策结果，并且设置一定保护措施保护公式单元和计算结果单元，避免数学模型被破坏，同时设计良好的展示界面方便使用者更好地理解决策过程和决策结果。

步骤四，定义公式。Excel具有强大的计算功能，提供了丰富的运算函数。在定义公式时可以充分、灵活地使用这些函数，使公式更加容易理解。

步骤五，计算并以直观的形式表达。使用Excel建立的决策模型通常以图表的形式分析数据、表达计算结果，因此使用图表（如直方图、饼图、折线图、散点图等）展示复杂决策模型的分析结果或计算结果是必需的环境。

（4）模型调用。执行制作好的模型并生成计算结果，或者为模型编制目录和调用界面，方便反复使用和执行。

2.通过二次开发技术实现部分财务管理功能

随着用户需求的多元化、复杂化发展，软件的功能可能无法完全满足用户的需求，因此需要对原软件进行补充、开发、改进或取消某些功能，使其能够满足用户的需求，这个过程就是二次开发。合理利用企业已有的财务软件，通过二次开发可以增加满足企业需求的功能。

（1）二次开发的条件。进行二次开发，首先要考虑是否具备二次开发的条件及二次开发的技术可行性。一般来讲，对软件进行二次开发需要具备一定的开发条件或具备二次开发的技术可行性。通常可以进行二次开发的软件需要具备五个条件。

第一，拥有标准的数据接口，标准数据接口可以与其他系统连接共享各种数据。第二，具备能够提供中间层部件的较为先进的开发工具。第三，具有较强的可执行性，能够支持多种数据库，可以在多种操作环境下使用多种数据库的数据。第四，具有较强的灵活性，可以进行多种自定义操作。第五，具有开放的基本数据结构，用户可以从数据库中直接读取数据。

（2）二次开发的实现策略。通过报表软件也可以进行二次开发。通过财务软件提供的报表系统进行二次开发目前是一种较为简单的二次开发手段。一款良好的报表软件既能提供强大的财务报表定义能力，也具备二次再次开发的数据接口，可以通过这个接口编辑简单的命令和程序代码。通过报表软件实现的二次开发能够与会计信息系统实现更为良好的连接，能够直接获取所需的基础数据。但报表软件的二次开发能力有限，无法满足企业多样化的财务管理需求。

通过工具软件实现二次开发。微软公司为其 Office 软件开发了一种编程工具 VBA，在使用 Excel 处理比较复杂的财务管理工作中被广泛应用。

VBA 的软件风格和方法类似于 Visual Basic，是面向对象的编程软件，能够提供可视化编程环境，可以帮助用户实现简单的程序开发。

通过会计信息系统提供的二次开发平台实现二次开发。随着科技的发展，会计软件的功能更加强大和完善，能够满足企业更多的个性化需求，有越来越多的信息系统提供了二次开发的平台，如金蝶 K/3BOS 商业操作系统。这款操作系统是金蝶 ERP 解决方案的技术基础，能够快速完成业务单据、报表、业务逻辑的制作，并能通过一系列一体化设计满足企业多样化、个性化需求。

（3）二次开发的实现步骤。步骤一，了解企业在数据综合利用方面的各种需求，明确二次开发的功能。步骤二，原软件的技术分析，充分了解原软件的工作原理、数据结构、技术参数等。步骤三，结构设计，包括数据接口设计、功能设计、数据处理流程设计、数据存储设计、显示设计、输出设计等。步骤四，编制程序，满足企业的个性化需求。步骤五，系统测试，对开发程序的稳定性和正确性等进行验证，及时发现系统漏洞及与原软件的连接问题。步骤六，系统的运行与日常维护，保障系统安全、稳定的运行。

（三）局部财务管理信息化应用模式评价

在企业实现财务管理信息化的初级阶段，局部财务管理信息化的应用具有较高的推广价值和应用价值，具有应用灵活、易于移植的优势。

局部财务管理信息化应用可以通过工具软件或二次开发等途径实现，具有较强的灵活性，也符合财务管理、财务决策、财务分析等活动的特点，容易实现，涉及的技术也比较简单。尤其是在缺乏信息系统统一规划的环境下，能够克服财务管理信息系统的功能缺陷，能够满足企业的个性化需求，具有较强的实用价值。在企业应用财务管理信息化的初级阶段，财务决策与财务分析几乎不需要有投入，决策模型较为容易移植。

但从长远来看，局部财务管理信息化应用存在一定缺陷。首先，缺乏统一的数据平台，决策缺乏系统性。财务决策的制订需要大量的数据支持，在现行的会计系统中，由于没有统一的数据平台，缺乏前期的统一规划，因而增加了数据获取的步骤和难度，采集的数据对决策的支持也不强。在调用决策模型时，数据的获取通常以手工或半手工的方式实现，大大降低了数据的可靠性。此外，决策模型的运行是孤立的，限制了决策行为的系统性。

其次，缺乏财务控制功能。决策与控制是财务管理的核心内容，局部财务管理信息化应用缺乏有效的财务控制，因此无法形成完整的财务管理体系。财务控制职能的实现在客观上需要系统化、程序化的财务管理信息系统，而通过工具软件或二次开发等途径实现的局部财务管理信息化应用是无法满足财务控制职能的客观需求的。

综上，局部财务管理信息化应用适用于企业财务管理信息化的初级阶段，面对临时性、偶然性的财务决策，是在缺少完整财务管理信息系统的时候采取的权宜之计。

二、集团企业财务管理信息化应用

随着全球经济一体化的程度不断加深，集团企业的作用日益凸显。可以说，集团企业的竞争已经成为各国经济实力竞争的表现。从我国集团企业目前发展来看，仍存在管理水平滞后、财务管理水平不高的情况。集团企业的发展离不开高水平的财务管理，实施财务管理信息化是推动企业财务管理发展的重要途径，也是集团企业财务管理的必然选择。

集团企业是现代企业的一种高级组织形式，通过资产、技术、产品等将多个企业联合在一个或几个大型企业的周围，形成的一个稳定的多层次经济组织。按照内部联结纽带的不同，可将集团企业大致划分为股权型、财团型、契约型等；按照内部机构设置的不同，可将集团企业划分为依附型和独立型。

（一）集团企业财务管理

集团企业财务活动主要有四个层次，分别是母公司层、子公司层、关联公司层和协作公司层。其中，母公司层和子公司层的财务活动是集团企业财务管理活动的主要内容。相比于独立企业,集团企业的财务管理内容更加复杂,难度更高。

1.集团企业产权管理

(1)产权关系。集团企业财务管理的核心内容就是母子公司投资管理关系。从内部产权关系看,母公司具有控制、监督子公司经营活动的权利,以此确保母公司投入资本的安全性,并能根据股东权益获取相应收益,保证子公司的经营目标与母公司总体战略目标的一致性。

(2)产权结构。产权结构是形成企业母子公司关系的纽带,在设置产权结构时要充分考虑母公司与子公司的关系。母公司以集团企业的战略目标与发展规划为出发点,将持有的有形资产、无形资产、债权资产等向子公司投资,形成产权关系,并依法对子公司的经营活动进行约束和控制,进行间接管理。子公司获得母公司的投资资产后,仍然独立经营,实现母公司的资产经营目标。在设置产权结构时,母公司应积极引导子公司寻求多元化的投资,形成多元化的产权结构。

2.集团企业融资管理

资本融通和资本管理是集团企业融资管理的主要内容。其中,资本融通是十分必要的,能够实现资本的互助互济和互惠互利。资本融通包括三种基本方式:外部资本融通、内部资本融通和产融结合化。选择恰当的资本融通方式,做好集团企业资金的全过程管理、统一管理和重点管理。

3.集团企业投资管理

母公司将有形资产、无形资产、债权资产等投入子公司,成为子公司的股东并根据股权大小行使所有权职能。子公司是这些投入资产的实际占有者,享有资产占有权和使用权并对公司债务承担有限责任。从资产管理关系上看,母公司对资产具有约束力,可以实施间接管理。子公司尽管是资产的实际占有者,但不能脱离母公司的产权约束,实现绝对的独立经营。母公司与子公司之间资产关系的协调是实现母子公司双方利益的重要前提。

在确定了母子公司投资管理关系明确的前提下,集团企业可对子公司的资产进行管理。

集团企业会从投资机会、投资方向、投资规模、定投资项目四个方面进行投资决策。

4.集团企业内部转移价格管理

成员企业在集团企业内部转让中间产品的价格就是内部转移价格。制定转移价格是内部转移价格管理的关键。在制定转移价格时要在确保集团企业利益的前提下做到公平、公正、合理。

5.集团企业收益分配管理

集团企业收益分配要注意两个主要方面：一是集团企业与国家利益间的利益分配；二是集团企业核心层与紧密层的利益分配。集团企业与国家利益间的分配体现了国家与集团企业的财政分配关系，集团企业核心层与紧密层的利益分配才是集团企业利益分配的核心内容。

6.集团企业财务监控

（1）人员监控。集团企业可以通过对子公司财务人员的管理实现对子公司财务活动的监控，通过集中管理或双重管理制度实现集团企业内部财务人员的垂直管理。

（2）制度监控。根据集团企业的经营管理需求和自主理财的需要，可以补充制定内部财务管理制度和会计管理制度，进一步规范集团企业内部不同层次企业的财务管理工作。

（3）审计监控。通过内部审计的方式可以增强对集团企业内部财务监督的力度。审计监督工作要有完整健全的审计机构，明确审计监督的重点和要点。

（三）集团企业财务管理信息化

1.集团企业财务管理信息化的概念

集团企业财务管理信息化即现代信息技术在集团企业财务管理中的应用。在集团企业中，财务管理部门运用现代信息技术将集团企业的各项管理流程进行整合，并快速、准确地将充分的信息提供给集团企业的各层管理者，同时，还能通过对财务管理信息的分析与加工对集团企业财务活动进行有效的控制、分析和评价，在整体上提高集团企业的财务管理水平。

2.集团企业财务管理信息化的作用

在集团企业实行财务管理信息化的作用主要体现在四个方面。

首先，财务管理信息化能够极大地提高集团企业管理数据处理的速度和效率，有效提高管理数据的准确性。

其次，财务管理信息化能够提高集团企业财务管理的质量和水平，现代信息技术的应用使繁杂的财务管理工作简化、快捷，减轻了财务管理工作人员的工作负担和劳动强度。

再次，财务与管理信息化能够增强集团企业管理能力、控制能力以及应对风险的能力。财务管理信息化能够转变传统财务管理事后分析、事后管理的情况，做到实时监控，提高了集团企业的决策水平。

最后，与时俱进的财务管理理念能够促进集团企业管理层理念和观念的更新，推动集团企业在财务管理方式、财务管理理论上的创新和发展，从而推动集团企业财务管理水平的不断提高。

3.集团企业财务管理信息化的内容

集团企业财务管理信息化涉及的范围广，工作内容多。从横向上看，集团企业财务管理工作有资金管理、全面预算、合并报表等方面。从纵向上看，集团企业财务管理主要有财务总部、子公司财务总部、子公司核算部门等多个层次。集团企业财务管理信息化的内容可以归纳为四个主要方面：第一，通过现代信息技术建立、健全、管理和维护集团企业财务管理信息系统；第二，加强对集团企业财务管理信息资源的综合开发，优化资源配置与利用；第三，转换集团企业财务管理模式和业务流程，使集团企业财务管理工作的各流程进行整合与集成；第四，加强财务管理信息化人才的培养。

4.集团企业财务管理信息化的方法

（1）树立集团企业绩效管理的核心思想。集团企业财务管理信息化可以建立一个以企业绩效为核心的财务管理体系，并提供一套切实可行的衡量企业绩效的方法和工具，建立一个快速的、可持续的、健康成长的集团企业财务管理体系。

（2）建立符合集团企业财务管理信息化的应用架构。一个良好的集团企业财务管理信息化应用架构要面向集团企业所有财务管理人员，并对集团企业的财务进行全面管理。通过该应用架构实现集团企业由会计核算型财务管理转变为经营决策型财务管理，实现集团层面的账务管理、预算管理、资金管理的统一。

（3）建立统一、规范的财务核算体系。统一、规范、严格的财务核算体系是集团企业财务管理的基础。集团企业的成员企业大多为跨地区或跨国经营，统一的财务核算体系能够在业务处理现场及时地提供系统响应，同时集团内部也可以获取业务处理现场的实时信息。

（4）建立账务集中管理平台。建立一个财务集中管理平台是集团企业财务管理信息化的必然要求。账务集中管理平台的建立要充分考虑到集团企业管理的复杂程度，能够良好地把握财务管理的集权与分权的"度"。对子公司企业的账务制度进行统一管理，并实现集团企业账务数据的合并。

（5）实施全面预算管理。实施全面预算管理是实现集团企业内部资源优化配置、优化财务管理工作流程的重要手段。建立一套标准的全面预算指标体系和控制体系，通过实施新会计准则完善集团企业的内部控制和业务流程，实现集团企业内部资源的优化配置，从而达到全面提升集团企业管理绩效的目的。

（6）建立资金管理解决方案，支持多种资金管理模式。建立集团企业资金集中管理平台和资金管理方案，支持资金管理账户分散、收支两条线、账户集中等多种资金管理模式，对集团企业资金进行统筹调控，提高资金利用效益，从而达到提高集团企业总体效益的目标。

（7）建立集中报表平台。在集团企业中，不同层级对信息数据的需求也不同。及时、准确地为不同层级提供相应的信息数据是集团企业财务管理的基本要求。其中，集团总部需要总揽全局，对集团企业的经营管理进行实时监控，这就需要一个能够获取各部门数据的集中报表平台，并能根据各部门提供的数据编制符合会计准则的报告以供集团企业总部决策使用。

（8）制订、实施决策支持方案。随着集团企业的壮大、业务的发展，使得集团企业的财务业务数据几何级增长。如何充分利用现有数据发挥集团企业的竞争力，制订科学的决策是当前大多数集团企业正在面临的问题。这就需要制订能够充分挖掘、利用财务、供应链等提供系统数据的决策支持方案，帮助管理层从海量的数据中提取有价值的数据信息。

第三章　成本管理

第一节　成本管理概述

成本管理一直是企业经营管理工作的重心，直接关系到企业的生存与发展。在遵循成本效益的原则下，成本管理活动应权衡实施成本和预期效益，合理、有效地进行成本管理。成本管理的方法众多，包括但不限于目标成本管理、标准成本管理、变动成本管理、作业成本管理、生命周期成本管理等。企业经营管理中最重要的组成部分就是现代成本的管理，它是实现现代企业目标的一个必要途径。

一、成本管理的内涵

成本管理是企业在生产经营过程中进行的一系列活动的统称，如成本预算、成本决定、成本规划、成本核对、成本分析和成本评估等。它的主要目的就是在保证产品品质的前提下降低成本，做到用最低廉的生产成本实现最佳的生产效果。

二、成本管理的原则

（一）集合一致和不集中管理构成原则

企业成本管理需要所有部门共同完成，每个部门的成本管理都应该遵循集合一致和不集中管理构成的原则。其中，集合一致是指厂长（经理）负责经济管理，财务会计部门负责联合管理、联合协调、联合核算；

不集中管理是指资金不实行集合管理，每个生产部门、职能部门都应按照各自的职责对责任资金进行管理和控制。这一原则可以调动企业各方面的积极性，使所有部门共同完成成本管理目标。

（二）专业管理和群众管理结合原则

虽然成本管理是一项高度专业的工作，没有经过专业训练的人很难做好成本管理工作，但是只依靠专业的成本管理人员进行成本管理是远远不够的。成本管理是一项需要群众共同参与的工作，只有全体职工一起努力，才能更好地完成这项工作。

（三）成本最小化原则

成本管理的主要任务就是分析在一定的条件下成本减少的各种影响及原因，制订可以实现的成本管理目标，经过有效的限制和管控达成该目标。在实施成本最小化原则时，首先要注意的就是综合探究在实际工作中减少成本的可能性和影响成本的诸多因素。需要注意的是，企业越早遵循成本最小化原则，企业受益的时间就越长，各个环节也可相互促进、相辅相成。要想探究成本最小化，首先要从实际出发，其次要关注成本最小化的相对性。

第二节　成本管理的工作

成本管理为企业各方面的管理工作提供资料的行为准则、基础方式和保障条件，是企业开展生产经营活动前不可或缺的预先准备工作。企业应建立健全成本相关原始记录制度，加强和完善成本数据收集、记录、传输、汇总和整理流程，从而确定成本基础信息记录的完整性。

一、成本管理基础工作的要求

为了改进成本管理的基础工作，通常需要做到以下几个方面。

（一）规则化

成本管理的每项工作都应该明确自己的岗位职责，每项工作都应该制定业务标准化程序并且实行定量考核。一般情况下，企业需要编写和制作流程图，需要规定业务体系信息和连接各环节的工作内容和流程图，以规范管理职责范围，使业务内容更加清晰。

（二）标准化

技术的品质和生产过程中的测量都需严格按照技术标准执行；所有的劳动损耗都应有完整的定额和规划价格表；成本核对和管理业务应该参照流程图来制订工作标准，以使整个管理体系的工作更加规范和协调。

（三）联合化

将各类报表、账目和原有记录的形式和内容结合起来，按照当前企业的生产组织、产品构成和核对制度，通过结合分类和编码，设计出一整套联合的核算报表。

（四）程序化

数据的收集、整理、传递都应设置统一的程序和时间，成本管理必须由专人负责，以便管理工作更加有秩序。

二、成本管理基础工作的内容

成本管理的基础工作主要包括标准化工作、制定额度工作、计量工作、信息工作、规章制度和员工教育。标准化工作是一项综合型的基础工作，对成本管理力度的增强和经济效益的提高有非常重要的意义。制定额度工作是企业为了规范利用人力、物力和财力资源而设定的量化标准。如果定额管理不完善，成本就会难以控制。此外，计量工作也非常重要，如果测量仪器不准确或者检测的方式不完整，会直接影响成本预算结果的准确性。拥有准确的信息是现代化成本管理的首要条件，规章制度和员工教育的实行对于强化成本核对、限制和评估成本职责也是十分重要的。

（一）标准化工作

标准化是一项综合性的基本工作，包含技术标准和管理标准的制订、实行和管控。技术标准是生产过程需要遵守的标准，生产的情况、方法、包装、存储和运送管理等管理标准有利于企业对生产经营各个环节的工作进行管控。标准化是提升经济效益的技术手段，对强化成本管理、提升经济效益有着非常关键的作用。

（二）制定额度工作

制定额度是按照企业规定的损耗标准和使用标准，要求企业在限定的生产和技术条件下利用人力、物力和财力。制定额度是制订计划的基础，是科学组织生产经营活动的方式，是实施成本核对、提升经济效益的有效工具。制定额度的主要途径包括劳动定额（托管定额、工时定额、产量定额）、各类材料损耗定额和储存定额、设备定额（单位产品定额、单位时间产量定额、设备运用率定额）、期量标准定额（生产时间间隔定额、投入产出交货时间定额、生产周期定额、正在制造产品的定额）、流动性指标定额（库存定额）、管理定额（项目管控费用定额）。强化定额管理，就是建立健全完备的、领先的定额系统，这就要求具有足够的经济技术基础，采取科学的方式制定额度规则，并根据企业生产技术条件的变化每年修改一次额度指标。

（三）计量工作

计量工作是指测试、检验和实验室分析中的测量技术和测量管理。原始记录中体现出来的数和量，都是经过测量和其他方法获取的数据。如果没有完善的计量工作，就不会有可信的原始记录，也就无法获取准确的成本管理核算资本，更无法明确成本管理的职责。正因如此，企业必须在供应、生产和销售的各个环节使用准确的计量工具。做好从原材料、燃料等材料进入工厂，到生产的流程，再到产品出厂的计量工作，建立健全计量管理系统，配置专业人员，提升计量的工作水准。

（四）信息工作

信息的载体通常包含原始的记录、数据、报告、图纸、密码等。企业在进行生产和经营决策的时候需要强化数据收集、处理、传输和存储等信息管理工作。科学的信息体系由原始记录、统计分析、经济和技术信息以及科学档案等构成。准确的信息是现代化成本管理的首要条件。原始记录是企业生产技术和经济活动情形的最初记载。例如，检查回收入库单、限额领料单、补料单、退库单考勤记录、工时统计表、工作票、废品单等。原始记录是建立各种台账和进行统计分析的依据，统计分析是管理现代企业必不可少的手段。原始记录和统计分析可以准确、及时、全方位地表现出企业的生产经营状况。

（五）规章制度

建设完善的规章制度是成本管理中一项十分重要的基础工作。企业建设的规章制度主要分为以下三个内容：一是基础规则，如企业内的领导制度等；二是工作规则，如相关规划、生产、技术、人力、物力、销售、人事、财务管控、成本管理等方面的工作规定；三是职责规则，主要依靠现代化大型生产的分工和合作的需要制定，具体规定企业中各个成员的任务、职责和权力。企业中有许多规章制度，其中最根本的是岗位职责。岗位职责包含员工岗位职责和干部岗位职责。岗位职责的健全和完善，需要从企业的现实情况出发，根据调查和探究制订计划，开展实验工作。规章制度必须简单、准确、通俗易懂、方便实行、避免烦琐，在全方位推行过程中，要及时总结经验并不断完善。

（六）员工教育

企业中的每项任务都需要依靠人来完成。正因如此，提升员工的素质是成本管理中一项十分重要的工作。企业要定时对员工进行职业技能教育和职业道德教育，引导和保障员工出色地完成企业任务，全面提升企业的经济效益。

第四章　运营资金管理

一个企业的发展壮大，除了决策者要有敏锐的眼光抓住机遇外，企业财务人员优秀的资金管理能力也是不可或缺的。在资金管理中，企业对营运资本的管理尤为重要。营运资本是企业资金总体中最具有活力的一部分，并且企业的生存和发展在很大程度上取决于营运资本的运转情况。面对日益激烈的竞争环境，企业的财务人员必须在盈利性和风险性之间进行权衡并做出合理选择。那么，如果你是企业的财务人员，你该如何对营运资金进行科学的管理呢？

第一节　营运资本管理策略

营运资本是指流动资产和流动负债的差额，是投入日常经营活动的资本。一般来说，营运资本管理既包括营运资本投资管理，又包括营运资本筹资管理。那么，企业在这两方面的管理会有哪些策略呢？

通常，我们可以根据一定的指标将营运资本管理策略分为三大类，分别是保守型、激进型、适中型。

一、营运资本投资策略

针对投资策略，主要考察两个指标，即"短缺成本"和"持有成本"。短缺成本是指随着流动资产投资水平降低而增加的成本，例如，当企业选择持有少量现金时，若出现意外事件导致现金短缺，企业就不得不采取临时出售有价证券或紧急借款的方式来获得现金，由此承担的证券交易成本或较高的利息便可归于短缺成本。持有成本则是指随着流动资产投资上升而增加的成本，例如，当企业选择持有大量现金时，企业便失去了将这些现金投资出去赚取收益的机会，这些失去的投资机会便可算作是持有成本。

（一）保守型

保守型投资策略一般表现为持有成本较高，即企业选择持有较多的现金、有价证券、存货等流动资产，从而失去资金的机会成本。当然，除了机会成本，持有成本也存在其他形式，比如存货管理的成本。

（二）激进型

激进型投资策略则是企业尽最大努力少持有现金、有价证券、存货等流动资产，以此节约流动资产的持有成本，与此同时，企业要承担较高的风险，比如企业可能因发生资金链断裂、经营中断等状况而承担较高的短缺成本。

（三）适中型

适中型投资策略则是介于保守型投资策略与激进型投资策略之间的投资方式，是指短缺成本和持有成本之和最小化的投资策略，一般表现为短缺成本与持有成本大体一致，也可称为最佳投资规模。

二、营运资本筹资策略

营运资本筹资策略是指企业如何为流动资产（波动性流动资产和稳定性流动资产）筹集资金。具体来说，企业可以选择采用短期资金、长期资金以及同时采用不同比例的短期资金及长期资金。为了更好地判断企业筹资策略的稳健程度，我们可以用"易变现率"这个指标来衡量。

易变现率是指经营流动资产中的长期筹资来源资金的占比，公式如下。

易变现率＝（股东权益＋长期债务＋经营性流动负债－长期资产）/经营性流动资产

根据易变现率指标的大小，可将营运资本筹资策略分为三大类。

（一）保守型筹资策略

企业选择保守型筹资策略时，流动资产的易变现率较大。其特点是短期金融负债只融通部分波动性流动资产，剩余波动性流动资产和全部稳定性流动资产由长期资金来源来支持。在这种做法下，企业无法偿还到期债务的风险较低，同时受到短期利率变动的影响也较小；但是相对地，由于长期负债的资本成本一般高于短期负债的资本成本，因此企业要承担较高的融资成本，进而会降低企业的收益。

（二）激进型筹资策略

激进型筹资策略与保守型筹资策略不同，其易变现率一般小于100%，其特点是短期金融负债不但要融通全部流动资产，而且要解决部分长期资产的资金需求。选择这种做法，企业需要有较强的筹资能力，因其无法偿还到期债务的风险较高，同时其受到短期利率变动的影响也较大；相对的是因短期负债的资本成本一般低于长期负债的资本成本，企业承担的融资成本较低，进而会提高企业的收益。所以，激进型筹资策略是一种收益性和风险性都较高的策略，少数风险偏好型企业愿意选择此种策略。

（三）适中型筹资策略

适中型筹资策略则是介于保守型筹资策略与激进型筹资策略之间的筹资方式，企业严格遵循"短期资产搭配短期资金，长期资产搭配长期资金"的原则，其特点是短期负债解决波动性流动资产的资金需求，而长期负债则负责解决稳定性流动资产及长期资产的资金需求。这种按照资产的投资持续时间去安排对应时间的资金的做法，有利于企业降低偿债风险和利率风险，是理论上最合适的筹资方式。

根据上述描述，可将其归纳如下（见表4-1）。

表 4-1 营运资本筹资策略分类表

项目	特点	易变现率	
保守型	资本成本高，风险、收益较低。在该策略下，短期金融负债只融通部分波动性资产的资金需求，剩余波动性资产及全部稳定性资产由长期资金提供支持	在营业低谷时易变现率大于1	在营业高峰期，易变现率均小于1，并且数值小，风险越高
保守型	长期资产+稳定性流动资产＜股东权益+长期负债+经营性流动负债	在营业低谷时易变现率大于1	在营业高峰期，易变现率均小于1，并且数值小，风险越高
激进型	资本成本低，风险、收益较高。在该策略下，短期金融负债不仅融通临时性资产的资金需求，而且需解决部分长期资产的资金需要	在营业低谷时易变现率小于1	在营业高峰期，易变现率均小于1，并且数值小，风险越高
激进型	长期资产+稳定性流动资产＞股东权益+长期负债+经营性流动负债	在营业低谷时易变现率小于1	在营业高峰期，易变现率均小于1，并且数值小，风险越高
适中型	短期投资由短期资金支持，长期投资由长期资金支持，尽可能贯彻筹资的匹配原则	在营业低谷时易变现率等于1	在营业高峰期，易变现率均小于1，并且数值小，风险越高
适中型	长期资产+稳定性流动资产=股东权益+长期负债+经营性流动负债	在营业低谷时易变现率等于1	在营业高峰期，易变现率均小于1，并且数值小，风险越高

但是在现实操作中，适中型筹资策略却不一定是最佳筹资策略。一方面，企业无法做到资金的完全匹配；另一方面，企业可以预测市场利率的趋势，当整个投资有效期中短期负债的资本成本低于长期负债时，部分企业可选择较多地使用短期资金。

情形1：位于粤港澳大湾区的甲公司是一家生产和销售保暖羽绒服的企业。因公司产品的物理特性，公司的生产具有季节性。2021年夏季是其生产经营淡季，公司经营状态良好，表4-2是甲公司2021年6月30日的资产负债表（简表），请问甲公司此时采取的营运资本筹资策略是怎样的呢？

表4-2甲公司资产负债表（简表）

2021年6月30日

资产	金额（万元）	负债及所有者权益	金额（万元）
货币资金	90	应付票据	200
交易性金融资产	80	长期借款	300
应收票据	180	股东权益	600
存货	150		
固定资产	600		
资产总计	1100		
负债及所有者权益总计	1100		

分析：稳定性流动资产和长期资产=1100-80=1020（万元）；自发性负债、长期负债和股东权益=1100万元。1100万元>1020万元，即易变现率大于1。在经营淡季时，甲公司的短期金融负债只融通部分波动性流动资产的资金需要，另一部分波动性流动资产和全部稳定性流动资产则由长期资金来支持，属于保守型筹资策略。

第二节　现金管理

一、现金管理的目标

现金，包括企业的库存现金、各种形式的银行存款、银行本票和银行汇票，是企业流动资产中流动性最强的资产，被所有企业普遍接受，可用来购买商品、货物、劳务或偿还债务。那么，企业为什么需要对现金进行管理呢？

情形1：甲公司是一家民营企业，每月公司都要留存一笔现金，用于支付部分员工的工资。该部分员工因个人偏好、行动不便等原因，只愿意接受现金。

情形2：乙公司是一家运输企业，因公司业务性质原因，需要常年持有一笔应急资金用于应对突发的意外事件。某日，车辆在运输货物的途中发生火灾，车上的货物都被大火烧没了，乙公司迅速拿出应急资金处理该事件，并最终顺利渡过这关。

从以上情形可知，企业持有现金的原因主要有两个：一是为了满足现实交易的需求；二是为了预防意外情况。

二、现金管理的方法

目前，现金管理的办法一般有以下四种。

（一）力争现金流量同步

如果企业能尽量使它的现金流入与现金流出发生的时间趋于一致，那么就可以使其所持的交易性现金余额达到最低水平。

（二）使用现金浮游量

从企业开出支票到收票人收到支票并存入银行，再到银行将款项划出企业账户，中间往往需要一段时间。在这段时间内，现金的占用称为现金浮游量。而企业可以在这段时间适当利用这笔资金，从而达到资金利用最大化的目的。

（三）加速收款

企业需要尽快收回账上的应收账款。为了吸引客户，扩大销售，企业往往会推出一些销售策略、信用政策等。而这些以促销为目的的策略往往会增加企业的应收账款，从而减少企业的现金流入。所以，企业需要在这两者间找到平衡点，同时达到吸引顾客和缩短回款时间的目的。

（四）推迟应付账款的支付

此处是指企业在不影响自身信誉的前提下，充分利用供货方提供的信用优惠，尽可能推迟应付账款的支付。比如，当亟须现金时，企业可以选择放弃供货方的折扣优惠，在信用期的最后一天付款；当现金充裕时，企业可以选择提前付款以享受供货方的折扣优惠。

三、最佳现金持有量的分析

那么，我们该如何确定企业的最佳现金持有量呢？从理论上来说，一般有三种方式，分别是成本分析模式、存货模式和随机模式。

假如，甲公司出纳员小王刚毕业参加工作，在日常的工作中非常注意积极思考问题。一天，为了减少公司闲置的资金，财务经理吩咐小王将部分现金放入银行理财，部分用于购置短期债券。

情形1：假设甲公司在制定现金持有策略时有四种现金持有方案可供选择，四种方案的各种成本见表4-3。请问，甲公司该选择哪种方案最合适？

表4-3 四种方案的成本分析　　　　　　　　　　　　　　元

方案	A	B	C	D
现金持有量	30000	60000	90000	120000
管理成本	20000	20000	20000	20000
短缺成本	15000	6500	1000	0
机会成本	3600	7200	10800	14400

针对情形1，我们可以采用成本分析模式计算企业的最佳现金持有量。成本分析模式是通过分析持有现金的成本，寻找成本最低的现金持有量。企业持有现金的成本主要有三种，即管理成本、短缺成本和机会成本。

（一）管理成本

企业持有现金，存放于企业内部，势必需要购买保险柜或安排员工对其进行保管，相应就会发生管理员工资、保险柜费用等管理费用。这笔管理费用对于企业来说是一笔固定成本，其成本高低与现金持有量无显著比例关系。

（二）短缺成本

现金的短缺成本是指企业有时因缺乏现金而不能应付意外发生事件所带来的损失或者是短期内为获取短缺资金而需付出的成本。一般来说，短缺成本与现金持有量成反比，即企业所持有现金量越高，短缺成本越低。

（三）机会成本

现金是对企业资金的占用，企业选择持有现金，意味着其放弃了将该部分资金投资于其他项目所带来的收益，也就是说持有现金是有机会成本的。为了生产经营，企业有必要持有一定的现金，但是若现金持有过多，企业为此付出的机会成本将大幅度提高。

运用此种方法分析计算可得，C方案的总成本最低，故甲公司选择C方案最为合适，此时该企业所需付出的成本总额为31800元。现金管理成本汇总表见表4-4。

表4-4　现金管理成本汇总表　　　　　　　　　　元

方案	A	B	C	D
现金持有量	30000	60000	90000	120000
管理成本	20000	20000	20000	20000
短缺成本	15000	6500	1000	0
机会成本	3600	7200	10800	14400
总成本	38600	33700	31800	34400

若企业平时持有较多的现金，则会降低现金的短缺成本，但同时现金占用的机会成本会增加；若企业平时仅持有少量的现金，则会增加现金的短缺成本，减少现金占用的机会成本；且无论持有多少现金，企业都需要承担现金的管理成本。

第三节　应收账款管理

一、应收账款管理的目的

一方面是竞争环境迫使应收账款的发生。市场上存在着激烈的竞争，而竞争迫使各大企业以各种手段扩大销售，比如投放广告、提供售后服务、赊销等。赊销是其中最常见的一种，也是导致企业产生应收账款的原因。试想，顾客在购买产品时，在其他条件（包括产品质量、售后服务等）一样的情况下，若企业额外为顾客提供更长的付款时间，其吸引力势必大于其他企业。自然而然，赊销政策受到了大多数企业的青睐，顾客可以从赊销中得到好处，企业也能因此扩大销售额。

另一方面是销售与收款时间往往不同步。对于非零售企业，货款结算通常要走大量审批流程，货款结算时间较长，商品成交的时间往往与企业收到货款的时间不一致。在未收到货款前，销售企业只好先把货款记在应收项目。

二、应收账款管理的方法

在应收账款发生后，企业应采取各种措施，尽量争取按期收回货款，否则时间越长，坏账发生的概率越高，企业蒙受的损失也越大。这些措施包括应收账款的监督工作以及收款政策的制定执行。比如，为了促进销售，A公司制定信用政策时，同时明确了公司的现金折扣政策为"0.8/30，n/60"。可见，为了加快应收款项的收回，减少坏账，A公司宁愿放弃一部分利润。

三、信用政策的分析

（一）信用期间

信用期间是指企业给予客户的付款期间。信用期间的长短会影响企业的收入和成本。在激烈的竞争中，若信用期间较短，则不足以吸引客户；若盲目放宽信用期，虽有利于促销，但可能造成信用政策所增加的盈利小于实施该政策所需的成本，得不偿失。随着信用期间的延长，企业的销售收入将会增加，相应地，企业的应收账款、收账费用及坏账损失都会随之增加，也就是说实施该信用政策的成本在增加。因此，信用期的确定需要深入分析不同信用期间对企业收入和成本的影响。

（二）信用标准

信用标准是指顾客为获得企业的交易信用所应具备的条件。严格来说，如果顾客达不到信用标准，就不能享受企业的信用或者只能享受较低的信用优惠。当然，在某些情况下，顾客也可以通过特殊审批来获得享受企业交易信用的条件。

（三）现金折扣政策

现金折扣是企业对顾客在价格上所做的折减。企业向顾客提供这种价格上的优惠，主要是为了吸引顾客为享受价格优惠而提前付款，缩短企业的平均收款期。现金折扣的表现形式一般为符号形式，如A公司的现金折扣政策"0.8/30，n/60"。"0.8/30"代表若顾客在30天内付款，可享受0.8%的价格优惠，即只需支付货款的99.2%，如货物原价款为100万元，15天内付款则只需支付100×99.2%=99.2（万元）；"n/60"代表A公司的底线是60天内付款，此时不可享受任何价格优惠。

四、案例分析：甲餐饮公司的信用政策选择

为了在竞争中求发展，以赊销方式促销已成为我国餐饮行业一种有效的营销策略。甲公司正是餐饮行业的一员。为了在保住销量的前提下改善公司对应收账款的管理，甲餐饮公司近期拟对信用政策进行修改。目前公司尚有两个方案可供选择，方案一是信用期30天，方案二是信用期60天。同时为了加速现金回流，公司领导层决定给予"0.8/30，n/60"的现金折扣，销售经理预估会有一半的顾客会选择享受现金折扣优惠。假设风险投资的必要报酬率为15%，其他信息见表4-5。现在甲公司领导拟从中选择一种信用政策执行，若财务经理要你推荐其中一种并说明理由，你会推荐甲公司领导选择哪种信用政策呢？

表4-5　甲公司信用政策信息表　　　　　　　　　　元

信用期项目	30天	60天
销售量	5000	7000
销售额（单价：100元/件）	500000	700000
销售成本：		
变动成本（每件60元）	300000	420000
固定成本	100000	100000
毛利	100000	180000
可能发生的坏账损失	8000	14000
可能发生的收账费用	5000	7000

通过上述知识点的复习，我们来对比分析一下方案一和方案二所带来的收入与成本差异。

（1）计算收益的增加。

收益的增加=销售量的增加×单位边际贡献

=（7000-5000）×（100-60）=80000（元）

（2）计算成本的增加。

①应收款占用资金的应计利息的增加。

方案一的应计利息=500000÷360×30×（60÷100）×15%=3750（元）

方案二的平均收现期=30×50%+60×50%=45（天）

方案二的应计利息=700000÷360×45×（60÷100）×15%=7875（元）

增加额=7875-3750=4125（元）

②收款费用的增加。

增加额=7000-5000=2000（元）

③坏账损失的增加。

增加额=14000-8000=6000（元）

④现金折扣成本的增加。

增加额=700000×0.8%×50%-500000×0×0=2800（元）

（3）计算税前损益。

税前损益=80000-（4125+2000+6000+2800）=65075（元）

以上结果表明，方案二比方案一更划算，故应选择方案二。

第四节　存货管理

一、存货概述

存货是指企业在日常的生产经营活动中持有的以备在生产过程中耗用的材料、物料、在产品或出售的半成品和产成品等，一般可以分成三大类：原材料存货、在产品存货和产成品存货。例如，制衣厂日常备着的布料、样衣、成衣等。

企业储存必要的存货主要有三点原因：一是为了保证日常生产和销售的顺利进行，成批生产、成批销售；二是为了均衡生产，降低生产成本；三是为了应对意外事件，可谓"手里有粮，心中不慌"。一般来说，企业的存货在营运资金中占比过半，尤其是制造业企业，存货利用的好坏对企业财务状况的影响极大。因此，加强存货的管理是营运资金管理的一项重要内容。进行存货管理的主要目的是控制存货水平，在充分发挥存货作用的基础上尽可能降低存货成本。

二、存货成本

存货成本主要包括采购成本、订货成本和储存成本等。

（一）采购成本

采购成本是指企业在采购时发生的成本，比如买价、运杂费、保险费等。采购成本一般与采购数量成正比例变化。采购成本的高低取决于企业讨价还价的能力，企业可货比三家，寻找性价比最高的供应商。

（二）订货成本

订货成本是指为了订购材料、商品而发生的成本。订货成本一般与订货的数量不成比例关系，而是与订货的次数有关。降低订货成本的关键是大批量采购，减少订货次数。但同时企业应当考虑由于存货储存过多、时间过长而导致变质或毁损的损失。

（三）储存成本

储存成本是指企业在持有存货的过程中发生的仓储费、搬运费、保险费以及占用资金的成本。储存成本一般与储存存货的数量有关，存货数量越多，储存成本越高。因此为了降低储存成本，企业不宜过量采购，避免积压大量存货。但同时企业需要考虑由于存货储备不足无法满足日常生产和销售的需要而带来的损失。

三、存货管理

为了降低持有存货的成本，企业需要进行存货管理，解决"应当订购多少存货"及"何时开始订货"的问题。这对于维持企业的正常生产经营活动、降低营运成本及资金占用水平具有重要的意义。

情形1：甲公司全年需要某零件20000件，每次订货的成本为500元，每件存货的年储存成本为5元。请问甲公司应当订购多少存货？从何时开始订货？

在此情形下，企业可以使用最广为人知的存货管理模型——经济订购批量模型（EOQ）。经济订购批量模型的目标是尝试求出使得一定期间内储存成本和订购成本总和最低的采购批量。其模型的假设如下。

（1）能够及时补充存货，即企业需要订货时能够立刻购买到足够的存货。

（2）所订购的存货能够一次性到位，不需要陆续入库。

（3）没有缺货成本。

（4）没有固定订货成本和固定储存成本。

（5）需求量稳定且能准确预测。

（6）存货供应稳定且单价不变。

（7）企业现金充足，不会因为现金短缺而影响进货。

在上述假设的基础上，我们假设甲公司全年的某零件需求量为D，每批订货量为Q.每批订货成本为K，每件存货的年储存成本为C，则有：

订购批数=D/Q

平均库存量=Q/2

订货成本=D/Q·K

储存成本=Q/2·C

总相关成本 TC=D/Q·K+Q/2·C

代入情形1的数值可得：

总相关成本 TC=20000=Q×500+Q+2×5

根据数学知识可知，求总相关成本 TC 的最小值可令总成本 TC 的一阶导数为零，即：

总相关成本 TC'=（20000÷Q×500+Q÷2×5)'=5÷2-2000×500÷Q'=0

可得经济订货量 $Q = \sqrt{\dfrac{2DK}{C}} = \sqrt{\dfrac{2 \times 20000 \times 500}{5}} = 2000$（件）

订购批数=D/Q=20000÷2000=10（次）

所以，甲公司全年应当采购10次，每次采购2000件，此时存货的订购成本和储存成本之和是最小的。

情形2：乙公司有5种布料，共占用资金50万元。乙公司按照每种布料占用资金的金额大小，将其划分为A、B、C三类进行管理，见表4-6。

表4-6　乙公司存货分类控制表　　　　　万元

布料编号	占用资金金额（万元）	类别	数量（匹）	占存货总数的比例	占存货总资金的比例
1	28	A	18000	20%	56%
2	2	C	30000	33%	4%
3	12	A	12000	13%	24%
4	6	B	20000	22%	12%
5	2	C	40000	11%	4%

在此情形下，乙公司使用了ABC分类管理法。ABC分类管理法是根据一定的标准，按照重要性原则（主要是占用资金的比例），将存货分为A、B、C三类，分别实行不同的管理。在情形2中，企业应当集中力量对A类存货进行重点管理，虽然A类数量相对少（30000匹），但占用的资金比例高（80%），应对其进出仓严格进行控制，妥善保管；而C类存货虽然数量最多（70000匹），但其价值占比低（8%），只需适当关注即可，不值得企业花费过多人力、物力、财力去管控；B类存货则处于两者之间，企业也应当给予一定的重视，但也不必像对待A类存货一样严格。

除以上情形外，还有一种存货管理办法是零库存（JIT）管理。零库存（JIT）管理一般用于管理衍生需求的存货，比如依赖计划生产汽车零配件。这种方法始于日本，并在日本的制造业中得到有效使用，其管理目标是使这类存货最小化，从而使周转率最大化。也就是说，在零库存（JIT）管理方式下，企业的存货水平仅能满足现时的产品需求。该方法强调只有在使用之前才要求供应商送货，要求企业的物资供应、生产和销售形成连续的同步运转，从而尽可能消除企业内部存在的浪费。若要实现零库存（JIT）管理，企业需要具备强大的规划能力、信息获取能力和协调管理能力，并且由于此方法要求企业经常订货和购货，因此企业需要与供应商紧密合作，这是零库存管理方法成功的关键。

第五章　财务数字化建设

第一节　财务数字化建设的方向与角度

目前，企业的财务信息化发展滞后，财务信息的质量、及时性、有效性有待提升，还存在"部门墙"造成信息孤岛，对数据协同、信息共享的意识不足，对公司决策的支撑能力不够等问题，财务信息化水平与未来跻身世界一流企业所需的水平相距甚远。通过财务数字化的建设可逐步实现企业内部信息互联互通，甚至实现企业内外信息的互联互通。

企业数字化建设，目标是实现财务数字化、设计数字化、工艺数字化、供应链数字化、仓储物流数字化、生产数字化、服务数字化等，最终实现企业各地分公司和子公司之间的信息互联互通，达到降本增效的目标。企业要把自己的数字化与业务生态平台相链接，实现平台数字化，方可实现可持续发展。

一、财务数字化六大方向

（一）核算数据的全面共享

费用报销、采购付款与销售收款共同汇集成了核算数据的全面共享。采用"会计工厂"模式，将原来分散在各地的财务报账、付款、记账工作集中至共享中心统一处理，实现核算标准统一、业务处理集中高效。

（二）资金全面在线

共享中心完成记账后，系统推送付款指令至资金系统完成业务线上处理、数据实时呈现，保证资金管理安全、高效、敏捷，为风险预警、头寸管理、资金分析等提供系统的数据支撑。

（三）财报自动编制

通过SAP、月结驾驶舱、财务报表机器人等，提高内部结算、月结关账、合并报表等自动化水平，实现月结高效、财报提速。

（四）业务财务融合

一方面是业务驱动财务，集成业务系统，实现业务数据驱动财务核算在线化、自动化；另一方面是财务支持业务，将财务人员从基础核算中解放出来，深入分析业务、支持业务。

（五）决策支持智能

通过智慧财务管理平台（包括智慧分析模块、智慧资金模块、智慧核算模块、智慧税务模块、智慧监控模块、重点项目管理），及时、广泛地采集企业内外部数据，再通过数据建模和数据智能，为管理者提供数据驱动的决策支持和深入价值链的业务支持。

（六）风险集中管控

财务风险管控平台就如一个财务总调度室，全面梳理资金、税务、成本、商务、营销全流程风险，建立风险指标体系，实现风险可视、自动预警、跟踪反馈。

二、财务数字化建设的角度

企业财务数字化建设可以从以下五个角度来着手，重构企业财务模式，带动企业整体商业模式的创新与发展。

（一）实现财务与业务的深度融合

根据不同的业务场景、业务人员、业务合作方等，开发财务分析系统，将业务数据与财务数据相结合，进行业务预测、业务分析、业务复盘等，实时跟踪不同业务场景（如采购、营销、制造等）中可能存在的风险，梳理历史财务数据中的异常，为业务发展提供全面支持。

（二）资源的高效整合

企业内部资源包括人财物、信息技术、管理、可控市场等。通常在一个集团内部，资源相对复杂，如果缺乏数字化技术支持，很难实现有效整合，进而影响内部效率的提升。通过集团数字化财务管控，可以形成一套资源可量化、数据智能化的财务体系，实现内外部资源整合，共享财务和业务数据，提高投入产出比。

（三）财务流程自动化、智能化与体系化

利用财务机器人、财务分析模型等，对关键财务数据进行实时分析测算与对比，针对核心风险点、核心业务流程建立财务模型，实施自动化财务分析，把控业务关键点。财务流程再造的目标在于简化数据采集方式，实现自动采集、共享、有效控制，同时自动处理数据，规范输出报表。在录入端，改进业务部门在发生业务时原始单据的录入系统及会计凭证编制的过程，通过无纸化传递，实现从业务端获取原始未加工的信息，进而带来采购及支付的集中、供应商的集成，推动价值信息共享。在信息加工环节，实现自动处理原始单据，生成会计凭证、账簿及报表，并为各环节留下记录。同时，根据使用者的需求，运用数据挖掘技术，分析生成数字化数据信息，形成信息报送体系。

（四）打造智慧财务生态链

整合外部资源，搭建财务与外部合作伙伴的智慧财务生态链，实现集团内部与外部供应链、价值链的联通，形成合作、共享、互利、互助的关系，促进整个生态体系发展。

（五）打造强有力的财务团队

为紧跟企业数字化建设的步伐，应对财务人员的专业素质和能力进行升级培训，招聘高素质的专业人员，稳定人才队伍，配置全面知识结构的团队，加快从传统财务管理模式向新型的财务管理的转型升级。

第二节 财务大数据化的用途和实现途径

数字化时代，对财务进行大数据化，就是要利用好大数据中蕴含的经济价值，有效挖掘并快速收集、整理、分析、整合信息，形成自己的资源。

一、财务大数据的用途

（一）提升准确性或可依赖性

大数据的集合，使财务信息充分采集成为可能。人们可能会担心，当数据越来越多，有些错误的数据会随着大量的数据混入到数据库中，由此产生误导。但是，我们应该看到，当数据量基本覆盖全体数据时，是数据最准确的时候。"错误数据"有可能是不同形态下的存在，甚至有可能是以前我们基于判断的"想当然"而在小数据或片面数据的情况下导致的一些错误观点。大数据的结论，将提供财务未来发生的概率及选择，财务的准确性或可依赖性将得到进一步提升。

（二）提升各数据点的处理速度

对于大型的在全国范围铺点的企业来说，需要的数据集，往往包括存储、网络、分析、归档和检索等，是海量数据。传统的财务系统已无法对海量数据进行快捷适时的处理，即使通过一些数据软件，也无力完成数据的整合、存储、分析等功能。而借助外部的托管、海量数据分析的平台供应商及云计算为基础的分析服务，则能充分发挥算法对数据的逻辑处理功能，从各种类型的数据中快速获得高价值的信息。

（三）丰富数据种类

财务需要的大数据类型多样复杂，涵盖了传统数据库、文件、用户画像、商品营销、市场动态等各种复杂记录。有些记录，当作为单一数据，则没有经济价值，但当各种数据综合在一起，形成大数据，并扩展到一定区域或全区域，数据的作用，特别是经济作用则凸显出来。

二、财务大数据化的实现途径

(一) 形成"大数据"思维

要实现财务大数据化，首先需要企业管理者及财务人员转变思维。

1.财务团队要形成"大数据"思维

根据企业的战略布局、年度目标以及企业所设立的组织架构，财务以业务单元为核算点，必须对所有业务单元都有所了解。在数字经济时代，企业架构带有很明显的数据特色，模糊了属地概念，业务单元小而精干，管理流程缩减，业务密集化增加。企业的财务人员应形成"大数据"思维，根据企业业务形态，搭建财务管理的整体架构，通过配备合适的核算工具，建立科学的财务管理信息系统，实现布点到位、人员精干、核算精准、数据真实。

另外，数字化转型关键要素是人才，因此要配置一定数量的数字型人员，充实财务团队。首先要理清财务在哪些环节需要数字型人员。一般来说，在财务信息系统的建立、二次开发和维护、各节点的安排设置以及需要系统完成的任务指令、数字迭代开发以及完成数字分析的工具运用等方面，均需要数字型人员来完成。配备合适的数字型人员，将是财务数据化的关键一步。

2.形成全样本概念

传统观念中，财务的很多价值界定方法，都是抽样法。比如"重置成本法""公允价值计价""可变现净值"等；还有定价策略中常用的"成本导向定价法""市场导向定价法""顾客导向定价法"等。这些会计方法，都是与抽样数据有关，通过局域性获得一些参考数据（常用的方法是从行业上市公司披露资料中提取），据此武断计价额度。在数据采集难度大、获取成本高昂的时代，抽样是个高效的方法。其抽样的数据，无须花费大量的人力物力，只是需要从某些设定区域中，选取有代表性的样品来分析即可。但是，抽样存在主观性，样品选取经过了有喜好的筛选，容易偏颇。样品也具有不稳定性，以少量的个体来评价整体，本身就具有不确定的风险，如果个体量未能达到一定比例，样本数量不够大，就不足以说明事件必然发生，由此产生的结论，就有以偏概全的风险。同时，基于谨慎性原则，财务人员往往会取其最保守的数据，作为定价的依据，这样，容易导致数据失真，误导决策。

随着大数据的发展，数据获取便捷、完整，成本低廉，数据存储、调用、分析越来越容易，因此财务人员无须固守抽样法，可通过大数据的运用来准确实现商品、服务计价，形成市场有效价格，从而让财务报告更有价值。

3.形成概率思维

概率思维是概率论的体现，具体是指利用数学概率的方法，来思考问题、分析问题、解决问题的一种思维模式。概率思维最重要的运用场景是对未来事件的预判。当预计一个事项发生时，可分辨可能随机出现其他事项的比例，从而做出相应的方案。概率思维有几个要点。首先是随机性。事项的发生，特别是因果关系不强烈的事项，具有发生或者不发生的随机性。财务人员往往缺乏对未来随机性的认识，因为面对的基本是历史数据、历史资料。但如果以历史事实去推测未来，就容易陷入因环境变化而引起的困境。

4.形成数据提取真相思维

数据获取的过程千变万化，来源渠道多种，真伪难辨。而作为财务数据来使用的数据，必须是真实的、未被篡改和调整过的。然而不是所有的数据都具有经济价值，财务人员要具有从数据中提取有价值数据的能力，从看似相关的数据中，找出真实相关性。因此，财务人员应多维度地观察和思考，从多样本中提取真相。大数据提供了相关性，但不具有因果性。只有把数据当成工具，进行分析提纯，才能发现真相，而不是从数据中寻找结论或原因。

（二）财务大数据的收集

财务要实现大数据化，则必须以大数据作为支撑，那么，如何获取大数据呢？最直接的方法，是从企业内部获得。这就要求所有经济节点上的经办人，都要通过信息系统，录入所经手的业务信息。此中，包括了业务种类、工作时长、薪酬信息、费用种类及对价、成本。这还远远不够，还必须从外部数据集中取得大数据。企业财务人员从外部获取数据的最常使用的方法有以下几种。

一是从常年合作的会计师事务所或咨询机构中取得。由于这些机构接触的企业数量大，容易取得行业数据，虽然部分数据可能由于商业机密不予公开，但通过购买数据形式，还是可以取得相似或近似的数据集。

二是从上市公司披露信息中提取。根据证券法相关要求，上市公司期末往往会进行较详尽的信息公告，企业可以从中截获有用的信息，从而转换成数据。

三是从各政府机关、政法部门公布的数据中提取。如国家统计局定期发布的各项数据，均有很高的参考价值。

四是从各种平台运营公司及互动平台中获取数据，如通过阿里及腾讯公司，获得有经济价值的数据；或是从上下游营销链，采集行业及垂直领域的数据。

（三）财务大数据的分析处理

财务通过什么手段来收集和标识大数据呢？可以从两个方面着手。

1.用户画像

一般来说，用户画像是指用户的信息标签化，就是企业通过收集和分析相关企业的社会名称、属性、业务来源、生产资源配备、价格结构，以及人群的生活习惯、消费能力及行为等，可以做出企业或人群的商业画像。当收集到足够的信息量，企业能快速找到精准投放的用户群体、用户需求或企业合作伙伴的反馈信息。

企业为用户的信息打上标签，就是要精准地描述出用户信息和习惯，收集用户浏览的行为数据，包括用户在网站的浏览数据、商品数据、产品数据、行为数据等。相关数据的取得，可从合作网站、用户平台、自有营销渠道等方式获得。

2.数据处理及分析

通过数据的清洗、合并，以及使用任务调度系统、搜索引擎进行大数据集群的快速检索。同时，通过一系列的分析选项，发现复杂的连接，并探索其数据中的内在相关性，构建出算法模型，实现大数据的智能化分析，精准获取数据。

第三节　数字资产的计量与披露

数字化时代，大数据就是商品。数字商品成为经济活动中的重要商品形态。它的载体具有多样性，包括计算机软件、代码、数据集合、多媒体产品、数据库、电子文档等。本质上，这些数字商品有共性，即有商业价值性、虚拟性，价值较难准确计量。如何准确确认、计量、核算、披露数字资产，将是财务面临的重大课题。

一、数字资产的定义

企业数字化建设，形成企业的数字化产品及生产资源，但不是所有的数据都能成为资产。企业通过业务运营沉淀下来的数据并不能全部称为"数字资产"。只有按照企业的主题域进行规范存储、建设形成相对独立的数据库及数据模型，可以为决策分析提供标准支持的数据包才能称为"数字资产"。根据百度百科对数字资产的词条释义，数字资产（digital assets）是指"企业或个人拥有或控制的，以电子数据形式存在的，在日常活动中持有以备出售或处于生产过程中的非货币性资产"。数字资产既不同于有形资产，又不同于无形资产，数字资产是综合体，在企业获得的前期，有资金的投入、硬件设备的建设，又有知识产权、专利权等无形资产的组成。

中国信息通信研究院政策与经济研究所发布《数据资产化：数据资产确认与会计计量研究报告（2020年）》（以下简称《研究报告》）中，明确了数字资产的确认原则。

（一）可变现性

数字资产具有为企业创造经济价值的能力。在实践中，数字资产在使用过程或生产的产品，有市场需求，或其能形成独立的市场价值。如果未能确定是否能产生经济效益，不宜列入数字资产。

（二）可控制性

数字资产必须是企业合理合法控制和使用的资产。企业应当明晰界定数字的控制权及产权，分清属性，以其是否拥有控制性来确认资产。如企业通过平台获取的个人信息、行为画像等，其属性存在很大的争议，按现阶段的理论及规定，不宜纳入企业数字资产。利用"爬虫"等技术获取或抓取的数据，不具备数据的控制权及产权，不能纳入企业的数字资产。另外，该数字资产能为本企业带来经济利益，通过契约或协议形式，合法取得数字资源的权利，可以认为是数字资产，受到法律的保护。

（三）可量化性

数字资产与其他资产可以明确区分，可用货币进行可靠计量。其计量包括数据获取的成本、为支持数据获取投入的直接关联成本（包括设备投入）、数据的市场可评估价值等。

《研究报告》通过对数据特性的研究，得出了数据资产的以下结论："数据资产可以被视作企业无形资产的一个新类别，是企业在生产经营活动中产生的或从外部渠道获取的，具有所有权或控制权的，预期能够在一定时期内为企业持续带来经济利益的数据资源。"

二、数字资产的会计计量

如何对数字资产进行合理合规的计量，并正确入账，是数字资产会计核算的关键环节。数字资产计量应遵循公平性、客观性、合理性、独立性、系统性、替代性、科学性等原则。现阶段，按会计准则规定，一般做法有以历史成本法计量、重置成本法计量、可变现净值法计量、现值或公允价值计量、市场评估法计量等方法。这几种方法各有优缺点。历史成本法计量符合传统财务会计的原则，会计信息具有客观性和历史性，容易取得依据。但由于数字资产价值的不稳定性，会计信息提供决策的准确性会大大降低，不利于管理层做经营和投资决策之用。当某项数字资产的市场价值超越开发成本，甚至成为整个行业的标准时，其价值将大大高于历史成本计量的金额。

相对市场评估法计量而言，重置成本法计量较容易获得客观的定价支持，但对于设备类的重置计量，容易因设备不再生产而无法取得依据，或因设备老旧无法确认其成本，造成核算的困难。可变现净值法或现值法计量能较好地反映市场价值，但可能因净值较难核定而影响会计处理。

市场评估法计量可能因精准度不够，造成核算的困难。

采用未来现金净流量进行会计计量相对来说更符合数字资产的特性。该计量方法的前提是比较合理地确定数字资产的预期收益。其中一种计算预期收益的方法是"成本加利润"，即企业按投入的成本与预计利润值的合计作为产品商业销售价格，再乘以数字资产预计生产的产量或产能，合理确定数字资产的总额。另外，如果有确实的证据证明买方市场接受高于合理定价，也可以按买方市场平均定价作为计量数字资产的方法，这就需要具有一定资质的专业评估机构来客观评定。当然，后者计量的数字资产价格还必须得到会计界的认可，并在使用过程中应当注意税收风险。

实际情况中，哪些开支符合资本化的条件，还需视企业具体情况而定。根据企业会计准则，对于研究开发阶段的支出，除为明确的项目支付并符合特定条件的开支外，均应按"研发费用"规定，列入当期损益，不宜资本化，特别是未成功的项目研发，只能列入当期损益。另外，对于数据的获取、确认、前期处理等价值不高、产权争议大的部分开支，宜列入当期费用，不宜资本化。对于数据深度挖掘、有效加工并形成数据包（库）的部分，可以整体或拆分销售，有一定的经济效益及商业价值的，应纳入数字资产。

数字资产一般来自两种渠道，一种是外购所得，一种是自主研发。

（一）外购数字资产的会计计量

外购产品的会计计量较为简单。企业按其购入数字资产的实际支付价格，及投入使用过程中发生的相关费用计入该项数字资产，再按预计使用期限进行摊销，会计处理可参照无形资产的计量方式进行。取得计算机产品成本及商品化软件研究开发费用、维持软件基本功能所必需的费用等可同时确认到"无形资产"科目下的"数字资产"明细中。同时，可采取"直线分摊法"。按预计使用年限，摊销入年度成本。也可按预计销售数量，将核定分摊的部分，分摊入产品成本。

（二）自主研发数字资产的会计计量

具有软件开发能力的企业，基本采用自行开发数据。企业采购电子设备，投入技术力量、研发团队、日常工作人员，主动获取、整理分析形成的数字资产，可按企业会计准则中对"无形资产"的会计处理方法进行确认及核算。其中开发成本构成数字资产原始价值的主体，投入生产前产生的评审鉴定费、注册费、版权费、测试费、处理费等也是数字资产成本的组成部分。

三、数字资产的会计计量

如何对数字资产进行合理合规的计量，并正确入账，是数字资产会计核算的关键环节。数字资产计量应遵循公平性、客观性、合理性、独立性、系统性、替代性、科学性等原则。现阶段，按会计准则规定，一般做法有以历史成本法计量、重置成本法计量、可变现净值法计量、现值或公允价值计量、市场评估法计量等方法。这几种方法各有优缺点。历史成本法计量符合传统财务会计的原则，会计信息具有客观性和历史性，容易取得依据。但由于数字资产价值的不稳定性，会计信息提供决策的准确性会大大降低，不利于管理层做经营和投资决策之用。当某项数字资产的市场价值超越开发成本，甚至成为整个行业的标准时，其价值将大大高于历史成本计量的金额。

相对市场评估法计量而言，重置成本法计量较容易获得客观的定价支持，但对于设备类的重置计量，容易因设备不再生产而无法取得依据，或因设备老旧无法确认其成本，造成核算的困难。可变现净值法或现值法计量能较好地反映市场价值，但可能因净值较难核定而影响会计处理。市场评估法计量可能因精准度不够，造成核算的困难。

采用未来现金净流量进行会计计量相对来说更符合数字资产的特性。该计量方法的前提是比较合理地确定数字资产的预期收益。其中一种计算预期收益的方法是"成本加利润"。即企业按投入的成本与预计利润值的合计作为产品商业销售价格，再乘以数字资产预计生产的产量或产能，合理确定数字资产的总额。另外，如果有确实的证据证明买方市场接受高于合理定价，也可以按买方市场平均定价作为计量数字资产的方法，这就需要具有一定资质的专业评估机构来客观评定。当然，后者计量的数字资产价格还必须得到会计界的认可，并在使用过程中应当注意税收风险。

实际情况中，哪些开支符合资本化的条件，还需视企业具体情况而定。根据企业会计准则，对于研究开发阶段的支出，除为明确的项目支付并符合特定条件的开支外，均应按"研发费用"规定，列入当期损益，不宜资本化，特别是未成功的项目研发，只能列入当期损益。另外，对于数据的获取、确认、前期处理等价值不高、产权争议大的部分开支，宜列入当期费用，不宜资本化。对于数据深度挖掘、有效加工并形成数据包（库）的部分，可以整体或拆分销售，有一定的经济效益及商业价值的，应纳入数字资产。

数字资产一般来自两种渠道，一种是外购所得，一种是自主研发。

（一）外购数字资产的会计计量

外购产品的会计计量较为简单。企业按其购入数字资产的实际支付价格，及投入使用过程中发生的相关费用计入该项数字资产，再按预计使用期限进行摊销，会计处理可参照无形资产的计量方式进行。取得计算机产品成本及商品化软件研究开发费用、维持软件基本功能所必需的费用等可同时确认到"无形资产"科目下的"数字资产"明细中。同时，可采取"直线分摊法"。按预计使用年限，摊销入年度成本。也可按预计销售数量，将核定分摊的部分，分摊入产品成本。

（二）自主研发数字资产的会计计量

具有软件开发能力的企业，基本采用自行开发数据。企业采购电子设备，投入技术力量、研发团队、日常工作人员，主动获取、整理分析形成的数字资产，可按企业会计准则中对"无形资产"的会计处理方法进行确认及核算。其中开发成本构成数字资产原始价值的主体，投入生产前产生的评审鉴定费、注册费、版权费、测试费、处理费等也是数字资产成本的组成部分。

四、数字资产的价值评估

由于数字资产的市场价值与投入成本容易存在差异，其价值评估显得尤其重要。要客观有效地评估数字资产价值，须充分考虑相关因素。中国资产评估协会（2019）认为，"数字资产的价值影响因素包括技术因素、数据容量、数据价值密度、数据应用的商业模式和其他因素"。影响数字资产的价值因素可从以下几个方面考虑。

（一）数字资产的质量

数字资产的真实适用性、完整性、便利性和数据应用广泛性，以及获得数字资产的成本合理性，是数字资产质量的重要指标，也决定数字资产是否存在市场竞争力。

（二）数字资产的市场占有率

如果一个产品在所属行业中已经占有一定的市场份额，具有较好的市场信誉、稳定的消费群体，数字资产价值就越高。同时，时效性反映数字资产的使用时限及生命周期，稀缺性显示所有者对资产的占有程度、利润获得的程度及稳定性，这些都是数字资产市场价值的重要因素。

（三）宏观环境及市场环境

从宏观环境角度，判断国际国内各方面对数字资产的预期及持续情况。当宏观环境出现变化、技术革命出现断裂，数字资产的价值将有很大变化。当企业竞争对手涌现，市场竞争格局将发生很大变化，这将对数字资产的价值有较大影响。

（四）企业自身的管理水平

企业拥有高技能人才、良好的企业文化、严格的管理制度和组织机制，是数字资产价值的重要保障。从企业自身来看，稳定住技术全面、有创新意识和开拓能力的人才，保证智力成果，即保住了企业数字资产的市场竞争力及收益。

四、数字资产的披露

（一）报表列示

已列入企业报表的项目"无形资产——数字资产"项下的数字资产，通过会计报表统一披露数字资产总额。报表使用者将从企业的报表中了解到企业的数字资产情况。但是，由于会计准则的局限及价值评估方法的水平良莠不齐，会计报表不一定能准确反映整体价值。为避免数字资产被低估，企业还需增加报表附注或表外报送。

（二）数字资产的表外报送

资本市场已反映出互联网巨头的价值远远高于实体经济的企业。企业在会计报表附注中，应当就未全面披露的"数字资产"的价值，进行量化的说明。说明可包括数字资产的市场占有率、市场价格、产品所处的生命周期、专利数量等硬核要素；也可列示评估中介机构出具的价值数据，证明数字资产的价值额度及未来收益。

第四节 财务数字化具体建设

一、业财税联通化建设

（一）财税联通化

我国税务机关持续深化"放管服"改革，开展"便民办税"活动，国家税务系统采用"金税4期"进行电子税务管理。该系统是全国范围内的税务一体化信息平台，采用大数据分析方法，以规范税务机关的征管和企业纳税行为，实现了税务平台和应用软件的大统一。

"金税4期"系统的特点是：业务规范统一化，全业务、全税种纳入，实现信息共享和管理。系统采用的"网络爬虫"软件，根据既定的目标，自动提取网页信息，获取涉税资料，实现分类抓取、实时监控和智能比对。"金税4期"系统，可以将行业、业务性质、业务销量、比率等大数据和涉税事项进行精准定位，及时对企业纳税额度进行监控。只要企业的动态数据出现偏差，税负率偏低，系统会自动预警，企业可能会面临被税务机关约谈、要求补缴税款，甚至移送税务稽查的情况。

企业应当以此为契机，化压力为动力，用好数字化技术，提高网上税务处理水平，实现企业与税务系统的友好连接。随着企业内部网络的互联网化及电子发票的出现，财税数字化建设是企业实现数字驱动的智能税务管控及筹划的必经之路。

1.财税联通化的优势

（1）防范税务风险。随着发票数据、申报数据的增长，企业面临的税务风险逐步上升；同时税务系统强大的监管功能，增加了企业经营的外部监控压力。企业采购、销售、费用支出等环节，均存在收开发票的行为，均需对发票进行验真、查重。业务与发票匹配后，及时入账，进行增值税款抵扣，需要通过连接税务系统进行确认。这就可以防范税务风险。另外，要实现税项分离、基础数据处理、自动计税、税务申报、税务核查、税务监控及税务政策咨询等功能，均应依托于财税联通化建设。

（2）提升税务筹划能力。税务筹划是财务很重要的一项对外工作，如何将财务数字化与税务系统联通，实现适时税务筹划，是财务数字化不可忽视的关键点。成熟的财务数字化系统，可与税务系统直联，实现税务远程操作与标准化处理，实现总部对各业务机构或部门的税务管理，监控销售的真实数据及适时反映成本，实现多维度查询分析和数据共享，为整体税务筹划提供决策依据。

（3）防范经营风险。用好税务信息，为企业防范经营风险提供保障。税务系统未来将为企业提供更多的信息。通过与税务系统联通，能为企业提供供应商及购买方的税务信息，如供应商或购买方是否具有较高的征信水平，成本率、税负率水平是否达到行业平均水平；从供应商的存货或原材料的税收进项税额，可以看出其是否有足够的存货；供应商是否有足够的固定资产折旧，证明其技术能力；是否有足够现金流，如果拖欠税款，可以说明供应商在现金方面存在一定的问题。企业可以根据税务信息，对供应商及购买方开展成本率分析、税负率分析、采购分析、可抵扣增值税发票分析、应收账款分析、现金流及资产情况分析等，有效防范经营风险。企业通过税务信息，加深对合作的信心，促进经营效率的提升。

（4）提高管理效能。用好税务信息，可提升企业的管理效能。企业日常费用报销，通过财务数字化系统，与出纳、经办人以及票据流程、发票管理、电子发票系统无缝连接，获取发票后可直接导入"金税4期"系统进行校真、校验识别，或者由税务"金税4期"系统直接导入电子发票到企业数字化系统，自动完成单据匹配并核销，同时生成增值税抵扣信息；在企业采用后端银企付款后，智能完成付款，并生成会计凭证，大大降低中间环节出差错的风险，降低发票丢失、重开发票等风险，实现管理效能的大幅提升。

2.增值税务管理

对于付款业务，从外部取得的增值税进项发票，可通过全国增值税发票查验平台实现远程校真。目前，部分财务管理系统及运用软件已与税务机关签订查询协议，实现扫描件校真，其辨真率可达到98%以上。只要企业取得发票，不管是哪个地区开具的增值税专用发票、增值税普通发票以及机动车发票、电子发票、出租车发票等，均能通过增值税发票查验平台进行查验。同时，可以在财务数字系统上，实现增值税认证抵扣并生成会计凭证，完成会计账务处理。

对于越来越普及的电子发票，由于其可以通过"微信端"或"支付宝端"获取，可便捷地连接到财务数字系统，在取得发票后，直接导入财务系统，适时确认成本并实现税务抵扣。

企业销售货物、提供劳务而产生的收款业务，需要开出增值税发票，一般依据合同约定，财务系统与合同管理系统相链接，预设好开票节点及判断要素，就能实现增值税发票的开具，直接计算增值税销项税额。但是，由于收入的多样性，导致税种不一，甚至可能存在一项收入分金额按不同税种纳税的情况，这给数字系统自动处理纳税业务出了难题。至今为止，增值税开票系统，依然限于本地开票，尚无法实现异地安装和异地使用税控机开票，这就要求企业对合同签署地、发票开具地和纳税地点进行统筹考虑。

企业分布在同一地区的不同分支机构，增值税开票系统可以通过财务系统统一搭建。特别对于开具电子发票，更适合运用财务数字系统管理。通过财务共享中心或数字中台，建立财务系统与企业 ERP 系统、业务系统及合同管理系统的链接，通过系统的集成，自动抓取不同系统提供的业务数据和合同数据。比如，生产型企业在产品销售系统中提供了出货单或货运单，与销售合同核对无误后，生成增值税开票信息，按预设的税率计算公式及原则，按税种选择、金额拆分、发票红冲及作废等规则，智能地开出增值税销项发票。通过严格的校对、审核流程，完成发票的开票申请、打印。通过物流平台，可实现发票快递。这种快速处理发票的功能，已被京东等大型网购平台所运用。

增值税进项税额发票的集中认证，已基本解决。通过财务数字系统，建立增值税进项统一数据库，发票通过扫描或电子发票直接导入，利用光学字符识别技术（扫描识别技术，OCR）识别发票信息后，将对接到全国增值税发票查验平台进行批量查验认证。普通的发票可以实现适时校验；对于增值税专用发票，根据全国增值税发票每天零时统计一次的限制，一般要隔天才能认证完毕。在发票校真后，数据进入核算系统，自动分发发票，形成自动匹配费用及预算的流程，或者根据填报人所填分类，在预算额度内，匹配费用科目，同步计算增值税进项抵扣金额，自动生成会计凭证。对于增值税进项发票，抵扣金额直接从发票中读取；对于租车车票及飞机票等，智能地按预定的税率，自动计算可抵扣金额，并在会计凭证上列示。

3.税款纳税申报管理

企业的纳税申报，涵盖了企业完税需要的所有税种，包括增值税纳税申报、消费税纳税申报、城市维护建设税和教育费附加纳税申报、关税纳税申报、劳务费涉及的增值税税务申报、企业所得税纳税申报、个人所得税纳税申报，还有土地增值税及其他各税种的纳税申报等。一般有按次申报、按月申报、按季申报及按年申报等几种形式。申报表按税务局规定的申报表格来填写，包括了纳税人名称、税种、税目、应纳税项目、适用税率或单位税额、计税依据、应纳税款、税款属期等内容。增值税申报表还按进项税额、销项税额来区分。所得税申报表还包括销售收入、销售利润、应纳税所得额、应纳所得税额等内容。

纳税申报越来越规范，需要填报的内容也更复杂。面对这种表格，数据的完整性、逻辑性和准确性要求更高，填报的难度和工作量更大。由于报表的格式化、标准化，采用财务数字系统，通过精准地设置公式，有效抓取数据，将会极大地改善纳税申报的质量和速度。通过成熟的财务数字系统，对接税务局办税系统和各机构数据系统，建立好数据之间的勾稽关系、取数路径和数据分发，规定校验标准，就可以从财务的成本费用明细账、开票端、进项税额数据库等多种数据源取得详细准确的数据，然后汇总填入纳税申报表，快捷并精准地完成税款申报。

（二）业财融合

财务数字化的改变，除财务报销审批流程发生了历史性的变化外，还改变了各类业务的起点，在业务初始阶段就引进财务信息系统，推动了业财一体化的进程。

1.提高业务获利水平

业财融合，要求信息化系统能在交易或业务事项活动过程中实时采集、处理、存储、传输会计信息，财务人员能前置参与掌握企业业务的运作状况，并能延伸到采购、供应商、客户等环节，对经营活动可实施全面、实时的管控，协同业务部门发现和解决经营问题。业财融合，增强了事前、事中的管理能力，提高了会计信息的及时性与相关性，可在事前、事中预防和控制业务处理风险。通过财务数字化平台和实时的核算数据进行数据分析，为业务决策提供依据。另外，财务数字化系统能提升自动化和智能化作业水平，提高准确性，有利于业务部门通过财务系统，深入掌握成本及消耗的资源，改进业务流程，消除不增值作业成本，提高业务获利水平。

2.优化企业价值链

业财融合实现了业务部门及财务部门的内部协同合作，打通了价值链的关卡。同时，对于价值捆绑的上下游贸易伙伴和客户，因为引进了财务平台，突破了企业组织的界限，从单一企业，转变为信息技术环境下的虚拟价值链共同体。例如，BAT的企业，通过平台链接，实现业财协同，形成了一个总部企业、分销企业、供应链、合作团队等的集合。某个企业的利益，与价值链的整体利益一致，实现了信息流、资金流、物流及数据流的协同，创造了竞争优势。从原材料采购链可以看到其优势。以往的采购业务是由业务部门通过企业规定的选取供应商的方式，或建立局部供应库，或通过一定的招标流程，或沿用历史合作等方式，产生供应商，按合同履约后取得报销单据，完成付款流程。业财一体化管理方式下，企业根据更多的人机交互场景来选择供应商，通过线上线下产品的实体或虚拟比较，寻找合适的供应商。因不受时间、空间影响，参加比较的产品可能涉及全球供应商，备选产品数量呈指数级增长，方便企业选择最优级产品。特别是选择电脑等电器产品及门槛较低的产品，为企业提供了更大的选择和议价空间。企业优选后，通过系统平台，可以自动进入购销环节，签订购销协议，对方履约供货。供应商直接将发货信息推送到系统平台，企业上传进货单、验收资料后，平台自动与供货商结算发票，进行支付。如果是企业与供应商签署了阶段性合作协议，可以实行自动定期取得汇总发票，定期结算货款。

3.提高预算的准确性与指导性

企业的业财融合，纽带是全面预算管理，实现事前、事中及事后对业务的管控。打破业务与财务的条块分割局面、编制适宜的全面预算的关键是管理。业财融合可提升企业的预算管理水平，科学地编制预算，从而提高预算的准确性和指导性，达到统筹企业资源、强化管理协同的目标。

4.提高绩效考核的完整性与全面性

业财融合，可以帮助企业更好地考核绩效目标是否达成，考核透明，可起到激励员工的作用。从价值链的整体效益，考量业务及产品绩效，提高了评价的完整性和全面性。

业财融合，一般主要涉及财务与供应链业务的融合、财务与制造数据的集成、集团内财务与资金的融通、管理费用的分摊核算等方面。

（1）财务与供应链的融合。财务与供应链的融合，可以实现从业务合同签署开始，供应链模块的信息直接进入财务模块中，包括原材料入库数量、单价，产成品的出库数量、定价，生产过程的辅助材料、生产人员薪酬，需要分摊的各项间接费用和管理费用等，直接组合成产品的成本。同时，基本供应链的数据，与应收账款及合同金额进行匹配核对，形成往来账记录，反馈到财务模块中。

营销部门对供应链和财务模块提供的成本进行核对，同时匹配及分摊间接费用，形成管理凭证。当产品通过物流派送后，形成发货凭证，联动应收账款，发出收款提示。

（2）财务与制造数据的集成。生产过程的数据，包括收入、成本和费用，根据企业的核算方式，预设好内部凭证。内部流转的成本和费用，按内部交易价格进行结算，纳入产品总成本或费用中。

（3）集团内财务与资金的融通。涉及资金的业务，需要在收入和成本流入会计模块生成收款、税金及资金的会计处理。

（4）管理费用的分摊核算。管理费用按企业的分配规定，按产成品入库的节奏，进行内部比例分配。

二、财务票据网络化建设

票据报销是企业很关心的问题，对于采取集约型管理的大型集团，更是难点痛点。如何实现票据报销的快捷方便，正确进行成本确认和费用划分，反映了公司的内控水平；对发票的审核和费用归属，可折射税控风险程度；有无个人开支列入公款费用、是否浪费公款或突破标准，反映了管理层的廉洁程度；费用开支的比例反映了企业的效率及效能。

（一）票据管控的难点

票据管控的难点，基本有以下几个方面。

1.事前计划性不强

企业未能系统地安排费用预算，开支前没有申请及批准，采购及出差、接待没有报批，导致管理链条不透明、不完善。

2.费用标准控制力度不够

虽有制订明确的费用报销标准，但容易被突破，财务人员往往在事后才参与管控，标准及预算形同虚设。

3.费用审核耗时长、效率低

填报单据时，容易因不规范而花费更多时间；财务人员对于发票的真伪需要花费大量的时间来核实；纸质单据在不同审批流中游转，需要消耗大量的时间和人力，导致效率低下。

4.记账烦琐

集团企业的财务人员，往往需要花大量时间来审核单据，确认预算和匹配费用，做账占用时间很长，财务价值低下。

5.费用统计难

审批流程长、入账进度慢，导致成本费用无法及时确认，费用无法及时分摊，多维度的统计工作无法适时完成，导致数据不准确。

6.费用支付易出错

集团企业中财务人员手工劳动量大，负荷重，出错率高。特别是涉及资金支付的，因查找困难，资金难追还。

（二）票据网络化的功能

随着财务数字化的发展，通过数字财务平台，企业可以提高费用报销的管理能力。通过云计算及大数据技术等的应用，企业可实现票据报销的网络化、智能化，从而实现外部票据自动识别、自动审核和自动账务处理的功能。

报销票据网络化模块应能实现以下功能。

1.实现报销电子化

支持PC端、移动端全功能应用，提供日常费用申请、借款、费用标准查询等员工费用报销功能（涉及不低于60个子单位，具体报销用户数根据实际需求据实确定，支持上述各单位按不同报销审批流程、财务报销标准的个性化配置）；集成电子发票，支持从发票拍照自动识别发起报销，简化员工报销填单环节，通过报销流程便捷化、审批流程线上电子化（嵌入电子签章），提升用户体验；通过内置财务报销标准，集成预算控制等，自动初核，实现费用报销制度的有效落地。报销的发票包括普通发票、增值税专用发票、交通票、路桥费等票据。

2.与发票云便捷连接，实现无缝集成

用户发起报销时，可以便捷地选择发票，导入发票后自动生成费用报销单。具体步骤可以是：选择发票→导入发票→生成费用报销单。在选择发票时，可以支持多种发票获取方式，比如电脑端选票、微信小程序扫描、扫描枪扫描、微信卡包导入，且支持批量导入。在导入发票时还能进行发票验真、查重等风险管控，导入发票能通过OCR识别自动生成报销明细记录，并实现发票影像的电子化留存。根据业务需要，相应配置扫描枪。同时按各单位实际需求实现银企直连的对接，财务审批完成后，通过银企自动执行付款。

3.实现预算管控

以单位、部门、项目、专项资金等为维度实现预算管控，电子报销与预算管控对接。同时预设特殊情况处理权限，特殊情况下可由集团业务管理员对流程流转进行调整。

4.提供查询和统计功能

报销专员可以查询经办过的报销单据，可以统计某时间段内本部门的报销情况，并导出报表。业务管理员可以方便查询报销记录以及所关联的单据凭证，查询某时间段内的集团整体报销情况或是某部门、某项目的报销情况，并导出报表。报表可按不同报销类别、剩余额度等维度分别进行统计。

5.实现分权管理

某部门的用户权限管理、本单位业务和流程配置等可以授权给部门业务子管理员处理。

（三）票据网络化后的发票信息采集

发票信息的采集包括实物发票的接收和扫描。通过采集发票信息，可以验证发票的真伪，证明业务发生的真实性，同时为后期处理提供依据。一般来说，发票信息的采集有两种方式，一是利用OCR系统，扫描需报销的原始单据，另一种是由供应商直接登录财务数字系统录入。

实现票据采集后，对发票信息进行税务校验核真，对取得的信息进行审核，并检查权限审批流程是否完成，是否与预算相符并有足够的额度，是否符合规定的报账标准。所有节点准确无误后，票据将转向应付账款或进行支付，转入银行付款结点。

（四）票据网络化后费用报销的角色定位

项目用户角色主要分为以下六类。

1.报销专员

集团各部门设立报销专员。此用户主要负责使用平台发起报销时选择发票并导入发票、填写发票持有人相关信息、提交报销表单供领导审批等。

2.各级业务领导

对报销专员提交的报销表单进行审批。

3.报销核算人员

根据报销专员提交的报销表单进行审核，在自动初验的基础上进行人工复核，对已进行核算无误的报销表单进行归档处理。

4.业务管理员

进行系统总体业务管理和监控、集团级业务和流程配置、用户权限管理。

5.业务子管理员

根据分权管理要求，进行本单位用户权限管理、本单位业务和流程配置。

6.系统管理员

对平台后台进行技术管理和运维监控，为业务管理员和业务子管理员提供技术支持。

（五）票据网络化后对日常报账业务的处理

1.日常费用报销

日常费用报销属于费用报销业务的一种，主要用于各项日常开支，员工代垫支付之后需要报销的业务场景（包括但不限于办公用品采购、交通费、差旅费、医药费等）。

每个业务场景或子单位要求所填的内容和审批流程会有所不同，可按不同的子单位和业务场景的审批流程和标准实现日常报销，设置各自的审批流程，并与预算管理无缝对接。报销时的报销明细可以对应多个收款人。按各单位实际需求实现银企直连的对接，财务审批完成后，通过银企自动执行付款。

2.对公付款

对公付款属于费用报销业务的一种，主要用于对供应商的结算，日常公对公结算费用（包括但不限于项目付款、机票报销、对公报销等）。供应商按照约定将结算单（账单）或发票寄送到公司，公司经办人对账单和发票采集后进行对公支付申请。付款时的付款明细可以对应多个收款单位和银行账户。

3.借还款

（1）借款的处理。员工可以发起借款申请，按各单位的管理规定设置各自的申请报表和审批流程。在财务审批完成后，通过银企自动执行付款。

（2）还款的处理。在费用实际发生后，可以进行报销冲抵借款，主要分为以下两种情况。

①超额报销。通过借款单关联生成费用报销单，员工实际发生的费

用超出借款金额，则需要在冲抵借款后向员工支付超额部分的费用报销款。

②少额报销。通过借款单关联生成费用报销单，员工实际发生的费用小于借款金额，则需要在冲抵借款后将剩余款项归还公司，员工根据借款单生成还款单，同时线下打款，还款单审核通过后生成出纳收款单，用于核销银行收款记录。

（六）票据网络化后对差旅费的处理

数字平台要实现适时财务处理，费用的报销无法逾越。差旅费报销需要数字平台具备以下功能。

1.数字平台应当具备与差旅费用服务提供商对接的功能

最简单的模式是在数字平台中嵌入服务提供商的链接，如 App 等，当用户打开财务数字平台后，可以通过链接跳转到差旅服务商页面，如直接对接去哪儿网、携程网等，获取相应的服务。这可以称为"伪对接"。数字平台仅提供链接，无法干预到差旅服务商的任何权益，也很难享受到特殊服务。这种模式可以快速实现数字平台的开发使用，但容易被一两家供应商垄断，企业很难通过比价获得最大的权益。

第二种模式，对差旅需求数量较大的企业有较大好处。这种模式是数字平台直接与备选库中的多家旅店、航空公司、连锁酒店等差旅服务商签订服务协议，实现网络直连，信息接入到财务数字平台。当出现差旅业务时，由平台推选出最合适的产品供业务人员直接使用。这种模式下，企业可获得最大的采购效益，打破服务商垄断，实现平台自动比价，流程透明。

2.数字平台应当能够实现与服务供应商平台的直接结算

以往的费用报销方式，业务员在出差或招待后由员工垫付，取得正式发票后再回企业报销。这种模式给员工造成了很多资金上的困难，拉长了报销的时间，甚至有可能造成票据过期。如果由数字平台整合服务供应商的资源，实现网络链接，在签订合作协议后，由企业通过数字平台与供应商进行总量结算，以公对公的方式，取得统一的发票，会大大优化企业交易流程。

这种方式中，数字平台应具备对接外部供应商的接口，设计好对账系统和审核流程。同时，数字平台能满足订单报销需求，可以按纸质凭证或电子凭证、订单模式来确定报销及付款。

数字平台与差旅供应商的对接方式一般有以下两种。

（1）简单方式。数字平台只承担费用报销环节的处理，由原来从业务员手上取得票据，改从服务商端口取得票据，直接与服务商结算。这种方式，数字平台仅需加设核对环节和审批权流程即可，简单直接易行。

（2）进阶方式。建立数字中台，承接供应商报价及选择、采购管理等职能。这种方式下，企业需要投入大量资金搭建差旅对接平台，但增加前端机票、住宿、用车的供应商选择，给业务员增加选择渠道。若企业这类业务量大，可以推广。如果企业需求量未达到供应水平，企业应当选择简单方式，或将差旅中台外包，减轻企业成本负担。

三、报告自动化建设

数字时代，为了提高信息披露的时效性，要求财务人员快速提供财务报告。为此，报告自动化建设势在必行。什么是报告自动化？以前财务人员采用手工核算，需要编制分录，形成各类报表；现在运用信息系统，计算机代替人工，通过编制代码及运算程序，实现自动生成报表，减少人工干预，节省工作时间，提高工作效率。

（一）财务报表的分类

1.外部报表

财务报表用于定期披露企业的经营状况、资产负债情况及现金流情况。按照企业会计准则规定，定期出具的报表必须有三表：资产负债表、利润表、现金流量表及附注。对于国有企业，在期末还要求编报资金平衡表、专用基金及专用拨款表、基建借款及专项借款表等资金报表。这些外部报表，按准则规定，有明确的报送时限，具有时效性。

2.内部报表

企业根据管理层及股东的要求，往往需要财务人员编制各种管理报告来反映企业关键控制点的财务状况及进展情况。这些内部报表，一般涵盖成本控制、经营数据、环境等，如成本报表、人员报表、费用报表、收入报表、经营环境报表、预算编制报表、预算执行报表、财务分析等。

内部报表是企业强化内部管理的管控手段，为决策者提供有效及时的信息，往往比外部报表更有实效性，因此，对内部报表的时效要求，往往会更高，质量的要求也更高。财务人员对此产生的压力更大，对报表自动化的要求也更迫切。

比如按照某集团高层人员的算法，每提前一天出具财务报告、管理报告，其价值是以亿元计的。提前一天出具财务报告，企业管理层及经营层就提早掌握了经营数据，有更充分的时间调整及安排接下来的任务。华为自2013年IFS.R&A（报告与分析）上线后，实现报表自动化，报告编制的及时性、准确性大大提高。面对涉及7212亿元的营业收入、19.4万人、170多个国家和地区的庞大企业，按照中国会计准则、国际会计准则、当地国家的会计准则三套会计准则同时编制报表，可以实现财务报告、管理报告的初稿3天内出具，终稿5天内出具，年度报告终稿10天内出具，管理报告同时按区域、产品、客户三个维度出具，为经营管理提供了强有力的支撑。

（二）报表自动化的实现

那么，什么样的内容适合采用报表自动化呢？

原则上，能形成公式化的报表，都能实现报表自动化。对于重复性、固定模式的报表，企业都要尽量自动化。对于外部报表的三表，已普遍实现自动化。对于内部管理报表，由于数据归集较难，可能存在取数困难的问题。

财务人员在信息系统开发阶段，就要有预见性，规划大数据的来源及布局，做好检索链接，以便实现适时报表生成。

报表自动化如何实现呢？

形成报表，少不了数据的集成和整合。为实现报表自动化，首先要梳理工作流程，从初始数据开始，确定报表需要由哪些数据组成，数据源存储的相应位置；然后设定报表格式，制作报表模块；最后导出相关数据，形成报表。目前，企业通常使用的会计软件基本已实现三表自动化。

（三）构建企业实时财务报表系统的步骤

企业实时财务报表系统的构建，需要财务人员或编报人员认真负责且了解企业情况，熟悉财会制度，按需求来设置公式。主要步骤如下。

（1）企业财务人员或编报人员深入了解企业的具体需求，除财务报告外，重点以管理报告为主，要理清业务的具体逻辑，建立好数据架构，编制好取数路径，搭建核算和编报系统，从宏观环境、企业内部环境挖掘影响企业经营结果的主观、客观原因，找到下一步改进和调整的方向。

（2）将企业内部局域网中的财务信息系统与管理信息系统的数据整合，建立企业的中心数据库，并在企业中心数据库中及时添加和更新企业经营活动的数据。

（3）建立企业实时财务报表网站，并将企业中心数据库与外部互联网联通，及时采集与经营活动相关的外部数据，实现数据共享和同步更新，并进行相互印证，分析发生差异的原因。

（4）由企业的财会人员和信息技术人员对数据库中的信息进行技术处理，然后上传至企业实时财务报表网站，供财务报表使用者及时阅读、分析和利用，为财务报表使用者提供实时的财务信息。

（四）报告自动化建设案例

及时、准确出具财务报告，能大幅提升管理效能。如何实现及时出具报告呢？下面列举华为、海尔和国家电网的报告数字化建设案例，供大家参考。

1.华为报告数字化建设案例

华为的财务核算已经实现全球无休的循环结账机制，利用全球7个账务共享中心，在同一数字化体系、一个结账会计政策下，以财务共享中心来集成会计核算，随时抓取经营数据，快捷高质量地输出各项报告。

华为采用的报告编制系统，是高度集成的全球结账管理系统和iSee系统。IFS是华为自2007年引进的，用于财经变革，通过业财融合，构建"计划-预算核算"全流程管理的体系。IFS全称为Industrial Financial Systems，是专业的ERP管理信息系统提供商，专为资产密集型及项目管理型企业提供行业应用解决方案。华为通过启动IFS中的R&A项目，解决了高质量管理报告编制速度问题，为高层经营决策提供强有力的支持。

华为于2009年底，从财务部门、经营管理团队、IT部门、数据使用部门等各部门抽调核算方案人员，组建财务核算与报告数字化平台团队，经四年开发，iSee系统上线使用。该系统除具备数据核算功能外，还具有先进的前端数据源质量分析和定位功能，通过不断的迭代，增强了数据分析和数据挖掘工具，强化数据应用，实现了强大的报告数字化和自动化。其具体作用如下：

（1）强化统一核算功能。华为对财务要求很高，从1998年起，华为就启动了财务"四统一"变革，即统一编码、统一流程、统一制度、统一监控，实现核算自动化、无休化。在同一数据平台、同一结账规则下，财务共享中心自动动态地传递作业，调度结账数据，实现170多个系统无缝衔接，快速处理全球经营数据。

（2）强化报告真实性。为提高财务报告质量，华为通过完善内部控制体系，实现账实相符。为达到目标，华为在各个子公司中，设立30~50个财务监控点，通过数字化系统，自动检验和校对监控点有无偏差。财务报告系统实现财务与业务完全融通，财务与业务使用一致的语言和逻辑，从交易开始到最终核算结果，都可以用数据来呈现。华为制订了一系列控制制度及造假处理措施，对于造假行为，华为将进行严厉的处罚，对收入造假"零容忍"。通过定期的测评，出具内部控制评价报告，真实反映各公司的经营水平，对存在的问题及时整改，提高了报告真实性和管控性。

（3）核算成为"战争"指挥权。报告的作用，是满足管理需要，反映投入产出结果，体现经营及利润目标是否达成，预测和预算是否有效、准确，从结果评价授权的效果，为管理层决策是否需要调整授权内容等提供依据。通过提高核算准确性，提高财务报告的准确性，助力企业良性发展。

（4）细化报告反映指标。强调报告要算清楚账、要重视质量建设，以财务为中心，重视财务指标与财务贡献。财务报告不但要算清楚账，还要做到结构系统、数据化，有强逻辑关系；同时，指标要清晰，有没有利润，有没有贡献，特别是有没有总体贡献值和人均贡献值，一目了然，做到经营者一看就明白。

2.海尔集团报表案例

海尔集团对经营主体的要求，是标准化、制度化、量化，通过报表来量化企业为客户创造的价值，以及以人为单位的贡献值。为适应数字时代，海尔探索将传统管理模式转变为"人单合一"的双赢模式。最著名的"海尔三张表"是"战略损益表""日清表""人单酬表"。"战略损益表"明确企业发展的方向，与用户价值保持一致性；"日清表"精准战略分解，精确到任务及完成的流程时效；"人单酬表"则体现员工和自主经营体的最终经营结果，直接决定员工的薪酬。这三张表构成了海尔员工价值创造的流程保障体系。

（1）战略损益表。"战略损益表"是反映企业战略为用户创造价值后，获得的收入。它是事前报表，分析的是为达到目标应做什么工作，具体通过"三预"保障，即预算、预案、预酬来实现。核算的内容涵盖传统的销售收入、利润留成，以及市场份额、用户满意度、用户黏性等市场竞争指标。该表分为四个象限，包括用户价值（战略目标）、人力资源（经营体）、流程（预案）、闭环优化（人单酬）。

第一象限中的"用户价值"体现了企业根据用户来制定战略，以用户为导向，以用户需求为本。这里所指目标，涵盖了企业总体目标和针对市场制定的细分战略，还包括战略路径、资源需求及财务目标、预算。该象限要明确三个问题：我的用户是谁？我为用户创造的价值是什么？我能分享什么价值，是否算赢？通过六个步骤来实现：明确战略定位、明确战略机会、明确战略路径、明确战略目标、明确资源支持和"三预"保障措施。

第二象限中的"人力资源"是指为达成战略目标，需要配备的人员团队。团队的执行力是目标能否达成的关键要素，只有充分调动人力资源，战略目标的实现才有可能。该象限用于衡量经营团队是否具备竞争力，并动态管理。该象限依据第一象限中的"三预"落实情况进行调整。

第三象限是指为达成目标，需要事先设计好流程和各种预案，也就是我们所说的"工作树"。适当的流程能提高管理效能，避免资源浪费。设计好流程中可能发生的各种应对方案，做好计划与安排，并滚动跟进，适时调整，确保项目在预定的轨道上运行，最终达到"预实零差"。其表现为"161日清体系"。"161"是指上周工作绩效挂定、6周工作预算排定、本周工作预算锁定。通过对日清进行分解，缩小差距，最后，对本周工作绩效进行评价，并与个人损益挂钩，同时形成新的预算。

第四象限是闭环优化。这里的"人单酬"取代了按"职务"取薪酬，更能体现个人对集体的贡献值。该象限用于指导经营体成本的实现及经营成本的分析。如果存在未达预计的指标，依次倒逼前一、二、三象限分析原因，找出问题，实施改进，或寻求资源支持。

战略损益表体现了企业文化的统一和流程的统一。海尔一直以用户价值为战略目标，企业上下战略达到高度统一，支撑企业组织结构的灵活性，保证流程通畅。由于该表触发人力资源、企业内资产及资源、预算和绩效考核的变革及互动，需要有足够稳定及坚定的企业共同信念，强大的企业文化。

信息化建设的完善，提高了战略损益表的时效性。数据平台将第四象限中的要求具体化、量化，倒逼前三象限适时调整，实现整体闭环优化。

（2）日清表。基于数字系统及信息化管理，海尔集团实行"日清表"管理，将目标进行合理分解，形成"日清表"，用于反映每天的工作数据，包括预算分解和日志计划完成情况。海尔集团内部平台自动汇总数据，每日完成后，同步发送给员工。该表有两个核心内容：一是日事日清，二是"日清日赢"。有利于对工作中的弱点进行反省、改善与不断提高。具体操作有：全体员工的自我日清及职能管理部门按规定进行的检查复审。"日清表"引出的"日清工作法"，是海尔集团奉行的重要的员工行为准则，强化了员工完成目标任务的动力和责任，体现的是完美的执行能力，这一理念促进了海尔集团的成功。日清表的示例如表5-1所示。

（3）人单酬表。"人单酬表"体现了海尔集团提出的"我的用户我创造，我的增值我分享"的企业文化。实施"人单合一双赢"的机制，是海尔集团绩效管理的一大特点。这种管理模式，将员工推到第一线，面对市场，与客户零距离，可以第一时间获得市场信息，快速实现企业目标。其模式实质在于强化自主经营和双赢。员工从被动转为主动，积极守正创新；企业在有效的执行力配合下，发展战略得到落实。

表 5-1　海尔人员日清表

项目		月				周				日				差异分析
		月计划	本日止累计计划	本日止累计完成	完成率	周计划	本日止累计计划	累计完成	完成率	日计划	实际完成	完成率	日差异	
创新定单														
执行定单														
序号	工作项目	目标值及能力要求	所属单位	目前推进实施情况		目前存在的问题点				建议改进措施及时间			责任部门	备注
明日重点工作及目标值				领导批示										
自评				签名：										

"人单酬表"激励员工创造价值，具体表现如下。

①根据目标，设立有竞争力的薪酬标准。经营体创造的价值越大，其能获得的薪酬就越高。

②促进经营体创造新的价值和机会。

③经营体有一定的人事权，决定团队的组建及考核、分配。

④融合各终端及业务平台，把 HR 资源平台、财务平台、共享服务中心、经营体等协同互联，通过经营体每一位员工事前签订的"人单合一双赢"承诺，在人单酬自主系统中，自主申报、公议兑现，实现全员

"人单酬"合一。

3.国家电网自动化报表案例

根据北京亿信华辰软件有限责任公司提供的案例，国家电网公司信息化建设取得了不错的成果，特别是在报表自动化建设方面，实现了管理报表自动生成、统一设计及多口径输出等功能。

自动化建设整体方案目标如下。

（1）建设数据集合，实现数据充分融合，统一输出，保证一致性，对内对外统一报送。

（2）实现电网业务平台化支撑，建设数据可视化分析、自主分析、智能分析等，推进基层减负。

根据国家电网报表自动化方案架构建立"数据底座"。将企业拥有的应用基础整合成源数据，并规范数据标准，形成数据仓库，支持数据及报表的统一提取。建立"报表中台"。作为前后台的链接及桥梁、添加数据的"变速齿轮"。赋能业务快速响应。各种终端通过企业门户访问报表，以权限管理方式分级授权，满足企业各级用户的应用需求。

四、财务决策数字化建设

企业数字化建设为财务部门的转型升级提供了契机，财务部门应借此在企业的规划、决策、评估中发挥战略性的作用。通过财务数字化，发展管理会计，以及时、高效、准确的数字洞察，支持战略决策，并把决策引进数字化平台，形成市场趋势与数字技术和业务模式结合形态，使用机器学习系统来辅助管理层决策，进而推进决策数字化建设。

（一）决策数字化系统的建设内容

企业推行决策数字化，首先要实现企业内部信息全流程、外部信息全流通的数字化。企业应实现与上下游供应商及用户和社会的连接。通过数字化建设系统的搭建，可实现业务流程与财务流程连接、客户端与业务流程连接、外管部门与业务流程连接，打破数据壁垒，使数字同步流动，形成动态信息，为决策进行数据赋能。

在财务数字化系统中应设置决策支持模块，如在决策支持系统中，纳入全面预算节点、资金一体化监督节点、应收账款预警节点、利润测算节点等信息流，完善支持决策系统的数据。决策系统应具备以下功能。

（1）能够发布财务管理信息和共享知识库。

（2）能够查询历史决策执行结果，适时反馈预算执行情况、工作进度，量化风险，及时警示。

（3）能够实时生成报表和自动高效抓取数据，形成分析结论。

（4）能够实时展现数据，能进行项目的完成率和风险控制的关键数值的列示，引入指标实现率、资产负债状况、现金流量状况、投资收益、净资产收益率等。

（5）能够细分决策业务。

（6）能够提供投融资决策辅助。

（7）能够为项目开发决策提供辅助，在企业进行新项目开发前，提供大量的商务概算分析和盈利设计。

（二）决策数字化具体需关注的内容

决策支持系统内预设智能决策模型，从财务数字化系统中抓取业务表单的内部数据，根据决策模型算法集成智能表单，并通过一定的授权，进行未来的采购、销售的决策。如商品销售，根据客户端的销量，及时增加旺销品的采购，减少滞销品的采购，并相应加大旺销品上线的次数和频率，进一步开拓市场销量。

要达到决策支持的效能，应当重点关注与决策密切相关的以下内容。

1.关注财务数字化信息

从财务数字化平台导出的历史数据，经决策系统中设置的决策模型处理后，可进行财务规划，制定长期或短期预算；也可进行子产品的规划、预算和预测分解，用好用活财务数字。

2.关注经营分析

应充分关注经营状况的分析，如企业规模分析、利润分析、运营资产效率分析、经营风险分析、供应商及购买人群分析等。

3.关注内部的指挥协调

决策支持系统作为信息集成中心，必须发挥驱动、协调的功能，以数据传递方式，指挥各模块协同联动。从合同模块开始，通过抓取合同模块的执行数据，触发订货、下单操作并形成数据；触发供应链备货、发货操作并形成数据；触发客服模块及时安装验收；触发合同模块确认收款流程，开出发票，催收款项；触发财务模块适时准确入账，形成收入及成本数据。

根据经营流程数据，匹配经营目标，形成经营分析报告，分析流程各环节可能存在的问题，总体筹划或调整下一时期的目标。

4.关注成本度量

决策支持系统可以在业务场景中设定总成本模型，抓取实际发生的数据，研究现阶段总成本的结构，监控成本目标与实际的差异，从中长期角度，改进成本构成，提升产品的盈利能力。

5.关注费用管理

决策支持系统关注团队的费用方案、费用预算，监控和揭示风险。量化项目费用构成，与战略规划、产品规划匹配费用内容，强化费用在项目中的绩效，采用低风险、可追溯的方式，确保费用可控。

6.关注定价策略与利润计划

将管理团队的中长期经营目标及任务分解，与相关决策定义的产品定价策略相匹配，将盈利目标引入产品的基本计价模型。决策支持系统以权限分级，划分各区域定价授权规则，对于超出授权价的项目，决策支持系统将自动推送上层评议。

7.关注风险和内控

决策支持系统将密切关注公司风险点，关注内部控制关键点；根据公司的风险管理流程，协同业务节点，识别关键风险，提出应对策略及措施，并适时示警。

8.关注投资决策

决策支持系统关注产品线在投资决策中的财务评估，投资评估模型实时分析并进行决策评审，对产品的投资效率和效益、投资组合是否优化、资源配置是否合理到位、业务是否可持续增长、盈利能力是否可预测及可达成进行评估。

9.关注交易模式

参与新商业模式的可行性分析，参与决策评审，提供新的财务模型，评估短期投入、中长期创收盈利能力，进行经营风险预测、项目概算和预算等。

第五节　财务管理集中化

企业集团的快速发展，使得组织架构日趋复杂，集团财务管理难度越来越大，财务管理成为推动企业成长的核心力量。企业财务团队必须有"战略家"思维，做到"战略财务"。首先，要认识到财务工作不再是生产经营的附属内容，而是关系到整体效益的重要工作。其次，要认识到实施主体是全体企业人员，财务管理从制定到实施，总部到各级成员单位，均应参与。同时，财务管理应渗透到各板块、各部门、各方面，由总部统筹协调，构建集中管理的财务模式，以适应企业发展。

一、财务管理集中化的优越性

（一）信息技术发展有利于财务集中管理

随着信息技术的发展、数字的取得日益便捷，让以往为满足时效性要求而采取的分散管理，向集约型集团管理的转变成为可能。通过IT与管理融合的创新策略，可推进企业财务管控体系的构建。运用互联网、财务共享平台、云计算技术、电子商务技术等，可以快捷地搭建财务数字化信息平台，实现集中化财务管理，从而达到节约成本、优化资源资金、提升效能、提升管理组织灵活度、增强企业的核心竞争力和市场应变力的目的。

（二）有利于企业战略目标达成

对于大型企业集团，推行财务管理集中化，可保证集团和成员单位财务战略目标的一致性。根据企业整体战略，从企业总部层面制订统一的财务战略，采取与企业相匹配的财务制度、财务报销流程、财务控制及内部控制模式、考核评价体系，从而实现企业的战略目标。根据管控和协同的需要，明确集团与成员单位的权责利，切分"集权"与"分权"的界限，充分调动各级的主观能动性，发挥企业的效能。

（三）有利于提高财务质量

推行财务管理集中化有利于加强财务质量管控，降低企业财务信息失真的风险。在企业内部，各成员单位形成纵横价值链，不同层级的成员单位，按照集团统一的财务核算体系，客观、准确地反映经济业务信息；按照统一的会计政策，正确、完整地录入财务信息；信息汇总、上报、合并，实现时效性及口径一致，保证财务数字的真实性、有效性和准确性，使各项工作在财务战略轨道上有序、高效运转。

（四）有利于高效配置和管控资金

企业内部及与供应商关联的体系内，实现资金的高效配置和管控，也是企业战略达成的重要手段。推行财务管理集中化能更好地实现资金高效配置及管控的目标。资金是企业的生命线，"现金为王"是现代企业管理的基本理念。实现财务集中管理，也就把握住了资金的统一，通过内部融通资金、盘活资金，提高资金使用率，减少银行信贷成本，降低企业负债风险。

（五）有利于强化会计控制职能

通过财务集中化管理，可以强化会计的控制职能。数字的适时性，提升了财务对预算适时控制的能力，可以同时对销售进程、成本使用、费用开支进行配套监控，设置各种管控"按钮"。对业务流程中违规或超标的项目自动"退出"。充分发挥财务的监控职能，提高资金效能及经营效能，进一步防范经营风险。

二、财务集中管理的核心

在财务管理上，实施财务集中管理其核心是实现数字化集中管理。通过搭建企业总部与成员单位的财务数据体系和信息共享机制，设立业财一体化平台，实现数字流、物流、资金流、资源流的集成管理，实时采集业务过程的数据，自动生成财务核算数据源，保证数据的实时传输和共享，财务与业务记录同步生成，实现财务与业务的进程一体化，可以更好地发挥财务的服务职能。

三、财务集中管理的原则

（一）总原则

（1）与战略目标协调一致。

（2）合理配置人力资源，提高成本效益。

（3）合理调度资金，提高资金使用效率。

（4）规范会计核算，统一会计政策，提高会计信息质量。

（5）强化财务监控，维护企业集团整体利益。

（二）明确权限的原则

（1）企业总部统一配置财务团队，可以采用所有财务人员归集统一管理模式，或者采用分级管理模式，企业总部派出财务机构负责人及财会人员，对派出人员实行监督管理。

（2）企业总部统一管理会计业务、财会人员的档案、职称评聘、职务晋升、内部调动、福利报酬、奖惩等。

（3）企业总部负责考核财务人员。可以采用总部+成员单位双向考核的方式，即成员单位考核出勤情况、服务态度；企业总部考核工作效率、工作责任。

（三）资金统一管理的原则

集中资金管理，统筹资金的调度。成员单位持有的资金，进入企业资金池，需要使用时提出申请，在企业系统内按调拨额度控制支付；企业总部定期与成员单位进行往来资金结算。

（四）费用分级审批原则

根据企业及成员单位的公司治理结构，合理授权，自负盈亏。由授权的责任人，在权限内承担费用审批责任，企业总部承担管理和执行责任。

四、实现企业财务集中管理的条件

（一）企业采取集权型的战略管理模式

即企业集团对成员单位的股权链条清晰，具有绝对管理权和决策权，总部能统一财务制度、调度财务人员、调剂资金。如果企业成员单位以松散型股权架构为主，则无法控制投资权、财产处置权、收益分配权以及人事权，无法实现财务集中管理。

（二）各成员单位地理位置分布相对集中

这样既便于总部财务部门及时了解、掌握经营情况和财务状况，又便于各成员单位办理报销业务，减少沟通成本，提高办事效率。部分企业，其成员单位分布地域较广，若实行财务集中管理模式，在设立财务共享中心时，要充分考虑交通和网络便利，匹配合适的操作平台，这样才能实现有效集中。

（三）企业总部具有良好的财务状况和较强的融资能力

财务集中管理的核心是资金统一管理，只有当整体维持良好的财务形象、取得较高的银行信用时，企业系统内资金运作方能进入良性循环。否则，资金的统一管理反而不利于成员单位的对外融资，财务集中管理没有了存在的意义。

五、实现财务管理集中化的具体操作方式

（一）实现资金的集中管理

实行企业整体"收支两条线"。通过资金归口管理，统一开设收入账户及支出账户，对已有账户进行整合、直联，控制资金流入、流出，动态监控成员单位的经营活动。同时，对资金进行统一调配，减少资金沉淀，提高资金利用效率，节约资金成本。

（二）实行全面预算管理

预算管理是根据企业战略目标，通过对资金、资源的分配，分解营收计划和成本费用，实现经营创收和资产保值增值目标的一种有效形式。全面预算管理是企业财务管理中不可或缺的控制模式，可有效量化企业资源，更好地实现决策管理目标。预算管理体系明确界定了各责任主体的责、权、利，依托统一的信息平台，按节奏下达预算指标，成员单位根据审批通过的预算来执行。

（三）信息集中管理

实现财务集中化管理，前提条件是业务及流程信息化。企业可以通过信息硬件设施的建立，分步推动信息集中管理标准化、体系化。根据规范的编码和流程，信息获取部门将相关数据上传到信息系统中，数据使用部门从数据库中提取数据，实现信息的实时传递与共享目标。

（四）统一主要的财务管理制度及会计政策

为了加强企业集团的战略协同，保证企业财务的统一性，规范成员单位的经营行为，保证经营成果具有可比性，应制定统一的企业集团财务管理制度。这些财务管理制度包括"三重一大"审批制度、授权审批制度、对外投资管理制度、融资担保制度；同时，要在通用的信息平台上运行会计核算软件，实现数据无缝链接，提高会计信息质量。

（五）实行财务人员统一管理制度

为规范财务信息，企业可以设立财务结算中心或财务共享中心，对财务人员实行统一管理、统一调拨。成员单位不再设立专职财务，其报销及成本支付，通过"作业池"分配到财务人员，最终实现财务透明。

过渡期间，可以采用"委派"模式，企业总部下派财务人员负责成员单位的财务管理、预算管理、会计核算、成本费用控制等工作。委派的财务负责人列席成员单位的决策性会议，适时或定期向企业总部报告成员单位的财务情况，并定期向企业总部述职。

六、资金集中管理

财务管理集中化，关键是资金的集中管理。借助数字技术和信息化平台，可优化资金配置和金融资源管控策略，有效管理资金的流量和流速，提高资金的使用效率。

推行资金集中管理，是企业从上至下的要求，是应对财务风险的手段。实现资金集中管理，要从资金管理的组织架构、资金制度、审批流程等方面出发，制订企业的资金计划以及结算管理、调度、记账、融资、风险分析等解决方案。在规划信息系统时，应设置资金账户和现金池管理模块、资金计划模块、资金调度模块、往来账管理模块、资金结算模块、票据模块、现金流量模块等。

资金集中管理，除了技术层面外，还要注重法律手续是否齐备。作为独立法人的下属公司，将货币资金纳入企业总部的管理账户，要有法律依据。根据股权所属关系，企业总部以出资人身份，依据财产所有权，对下属全资及控股公司实行资本控制。资金集中管理的法律基础必须建立在这个上面。

资金的集中管理模式可以分为统收统支、拨付备用金、建立结算中心、设置内部银行与建立财务公司或司库等。采取哪种模式，视企业发展阶段而定。一般来说，当企业集团初创时，公司总部对下属公司有可能采取统收统支与拨付备用金的资金管理模式；企业集团发展成熟时，企业总部可以采取内部资金结算中心、财务共享中心或内部银行的结算模式，通过自有平台办理结算，资金流向均由总部发出指令，有偿调剂和调度资金，最大限度降低资金融资成本。

企业要实现资金集中管理，需要银行的配合。企业在不断扩张过程中，由于跨地域经营、行业多元化等原因，与多家银行建立了业务关系。现阶段，各银行的结算系统相互独立，资金各自存储，无法流通。如何通过银行的电子产品，实现资金统一管理，需要取得技术支持。现阶段银行对企业的产品，主要有电子银行、存款业务、信贷业务、机构业务、国际业务、住房金融、中间业务、资产推介、基金信托业务等；能实现跨银行现金管理的，有"企业网银"和"银企直联"等方式。

七、银企直联

银企直联是指银行系统和企业的财务系统相连接，企业直接通过银行搭建数字平台。企业通过财务信息系统的接口，采用信息交互方式，办理账户管理、转账支付等银行服务。根据企业资金管理的需要，银行提供定制的个性化服务，通过数字平台实现统筹付款、收款、定期或不定期的资金归集下拨、账户余额保留、电子对账、员工工资发放等多种功能。同时可以提供资金的查询及分析报表的生成，是新型的网上银行业务。

（一）银企直联功能

1.数字信息系统支持

银企直联与企业数字信息系统对接，将企业总部及成员单位的所有银行账户纳入平台，实行统一管理，通过流程再造、改进审批流程等进行信息交互，便捷地进行资金管理与信息维护。

2.直联付款

由企业数字信息系统提交付款指令，以银行约定的方式（中间表或报文）进行信息传递，银行付款后反馈支付结果。

3.资金信息查询

根据银行约定的时间，通过中间表或报文，企业从信息系统中读取账户的资金收付款信息。企业可以对信息进行汇总、整理及分析。

（1）收款管理。通过筛选收款记录，整理收款信息，数据自动传递到数字信息系统的收款管理模块中进行核算与财务管理。

（2）银行对账。企业数字信息系统将银企直联传递的银行收付款信息，与自身系统记录的数据进行核对，及时提醒财务人员是否存在资金账务漏记、错记的情况，同时自动编制银行余额调节表，记录未达账项。

（3）自动记账。企业财务人员手工录入银行账，容易出现错误、遗漏等情况，与银行对账时有可能出现无法匹配的问题。通过银企直联的收付信息查询功能，可实现自动将银行流水整理为企业资金账入账，大大节省了人力成本，降低了对账难度。

4.资金信息分析

根据企业数字信息系统整合的基础数据信息与日常交易信息，企业资金管理部门可据此编制管理日报、收益查询等报表，对企业资金活动进行分析，为决策提供依据。

（二）银企直联的实现方式

目前银企直联实现方式主要分为两种，即嵌入式及前置机式。嵌入式是采用银行开发成熟的应用软件，直接从企业数字信息系统数据库或接口获取指令并处理数据；前置机式是采用企业与银行各自准备的文件服务器，通过SFTP/HTTPS等方式进行数据的传输及处理。下面简述这两种实现方式的原理与优缺点。

1.嵌入式接口

银行推出了跨银行资金管理系统，企业数字信息系统的数据库通过互联网与银行结算系统联通，根据业务不同，结合两方的数据进行信息交互。企业将支付信息写入与银行结算系统的接口表，银行读取后发出处理指令，并将付款结果通过接口表的特定字段，推送给企业的系统。企业系统在成功支付后，自动对发票创建付款；若支付失败，则通知外围系统发邮件提醒付款相关人员。

银行结算系统会定期向企业信息系统推送银行交易中间表，反映各账户的流水以及余额等信息，企业系统读取流水后，形成数据传递到资金模块。企业按照一定对账规则，勾对银行流水与企业日记账。

该方式的优点在于，企业无须投入过多的开发成本，根据银行提供的联通与接口设计即可实现数据的抓取；缺点在于，该方式要求银行的配合程度高，企业需求受制于银行信息，反馈周期较长。

2.前置机式接口

银行与企业采用传统报文交互的方式，通过前置机与银行服务进行通信。根据业务不同，通过不同格式的报文加以区分，企业系统与前置机的交易数据报文，采用SOCKETTCP/IP同步短连接方式。

银行读取企业付款的报文信息，在校验文件格式后处理付款。处理完毕后返回报文告知企业付款是否受理。如果支付失败，则通知外围系统发邮件提醒付款相关人员。同时，银行定期传递资金流水至前置机。

该方式的优点在于通用性较高，能满足企业对于数据安全性的需求；缺点在于，客户化开发程度要求较高，且相较于国外，国内没有相对规范的报文格式，前期文档规范的调研等工作需要花费较长时间。另外由于采用网络传输文件的方式，存在丢数据包的可能性，在方案设计阶段，对于异常情况的处理需要有较为全面地考虑，对方案设计的要求较高。

第六节　数字化财务的内部控制

一、数字化财务的系统风险

数字化财务带来的系统风险主要有以下几种。

（1）特殊业务无法识别的风险。对于标准化、规范化的业务，数字信息系统处理起来得心应手。但对于非标准化的业务，特别是合规、合流程但不合理的业务，系统无识别能力。如一些费用不真实，但支持性文件齐备，则系统无法进行有效识别。

（2）数据安全性风险。数据存储中心和计算中心对环境的要求较高，对温度、湿度、清洁度都有一定的要求，容易出现备份不足产生丢失或损毁数据的情况。另外，由于系统开放，各种端口可以进入，特别是移动端，存在网络安全性风险。

（3）系统舞弊风险。由于系统自动化程度高，数据处理和存储高度集中，有可能存在不相容职务集中的风险。另外，如果系统初始时程序设计有缺陷，会导致数据有很大的偏差，甚至存在隐性犯罪。如果程序设计不周或对于输出文件不进行人工检查，有可能导致不合规的业务和数据游离于监管之外，造成数据失真。

（4）差错重复出现的风险。手工操作时，错误一般都是个别现象，发现后往往容易纠正。但在数字信息系统发生错误时，由于处理速度快，自动化程度高，当差错出现时，可能会由于无法及时发现或阻止而造成连串的差错，在短时间内蔓延，造成更大的损失。还可能由于对差错的反映不及时，出现反复执行同一错误操作，造成多次错误。

（5）程序被恶意改动风险。信息系统由很多的程序组成，每段程序都由特定的程序员负责，对程序调用或修改的控制，是至关重要的。如果对程序员权限没有一定的控制和隔离，容易发生程序被未授权的人非法操作的情况。由于程序设计的漏洞造成的差错，更加隐蔽，潜在的风险更大。

二、数字信息系统内部控制的分类

（1）按照控制实施的范围，可分为一般控制和应用控制。一般控制是对信息系统的主要因素（人、机器、文件）与数字处理环境的控制，一般又分为组织架构控制、系统开发与维护控制、硬件及系统软件控制及安全控制，是针对整个信息系统进行的框架控制。

应用控制是对具体功能模块及某个业务处理流程环节的控制，有输入控制、中间审批控制、插件控制、查询控制、输出控制等。应用控制适用于特定的处理节点，是一般控制的具体化。

（2）按照控制采用的手段，可分为手工控制和程序控制。手工控制是指在某些关键环节，实行手工操作，如审批环节、支付环节，以减少系统处理的风险。程序控制是由信息系统自动完成的控制，如预算管控、差旅费标准、住宿标准等。

（3）按照控制的层级，分为预防性控制、检查性控制和纠正型控制。预防性控制作为事前控制，是为防止不利事件的发生而进行的控制，如前期按岗位设定不同员工有不同的授权；检查性控制是事中控制，是在事件进行中检查的控制，如在系统中预设逻辑关系的匹配和核对等；纠正型控制作为事后控制，有一定的滞后性，是为了今后消除或减少不利事件设置的控制，如发生错误支付后的短信示警及对经办人进行追索的控制。

（4）按照实施主体的不同，分为信息部门控制和用户控制。信息部门控制是由系统人员或程序直接实施的控制，如系统过热保护控制、数据自动备份控制、录入密码错误锁定控制等；用户控制则是指使用部门对数据进行的控制，如定期更换登录密码、定期轮岗等。

三、数字信息系统内部控制的显著优势

内部控制自身的管理手段，从人工控制向自动控制转变。传统内部控制，以人工控制为主，设定一定量的内部控制岗位，由人员进行检查及监控。人工控制一般存在于规模小、生产流程不复杂的企业。内部控制一般重点在于审批和复核业务活动，对事项进行跟踪并控制。随着数

字化平台的建设，内部控制的管理手段必将向自动控制转变。内部控制部门通过设计好的控制策略和干预措施，在生产环节安装检测装置，当出现偏差时，装置将进行自动矫正，令其回归预期状态。

自动控制一般运用于大型企业，以嵌入计算机程序的控制为主，利用信息系统控制业务的生成、记录、处理和报告的生成过程。

运用数字信息系统开展的内部控制有显著的优势，能提高效率和效果。首先，是在数据量的处理上，可以进行大量的交易和复杂的运算；其次，能及时、迅速地获取信息，提高准确性，同时有利于数据的深入分析；再次，能提高对经营业绩和政策执行情况的监督能力；通过应用程序、数据库系统和操作系统进行安全控制，还能提高不相容职务分离的有效性。

企业实现数字化财务后，内部控制应当根据其数据集中、处理量大、存储磁化、流程自动化、系统开放、授权分散、内部稽核难等特点做适当调整。

四、具体控制内容

（一）不相容职务控制

由少数人（通常1人）担任某些敏感职务时，有可能发生差错或舞弊行为，企业应当在岗位设置时充分考虑控制的关联性，采取一定的隔离和牵制措施降低或规避风险。不相容职务分离控制，要求企业目标和职能清晰、合理，按授权分离方式，设定不相容职务的界限，实施相应的分离措施，制定各司其职、各负其责、相互制约的工作流程。同时，应考虑岗位特点和重要性，对关键岗位及风险系数大的岗位，实行定期轮岗制度，可以规定三年一轮岗，最长不超过五年轮岗。还可以采用强制休假制度，强制离岗一周，防范岗位履行过程中存在的风险。

不相容职务通常存在于以下几种流程中。

（1）采购和使用流程，不相容职务涉及的事项有：申请采购与审批、询价与确定供应商、采购合同拟订与审批、采购与验收、采购与会计记录、验收与会计记录、付款申请与审批、付款审批与支付。

（2）财务流程，不相容职务涉及的事项有：会计记录与出纳、往来账与出纳、往来账与银行对账、出纳与银行对账、会计记录与仓库管理、会计记录与实物管理、会计记录与财产保管等。

（3）业务流程，不相容职务涉及的事项有：业务申请与授权审批、业务经办与审批等。

（4）监督流程，不相容职务涉及的事项有：业务审批与监督、业务经办与监督、会计记录与监督、出纳支付与监督、供应商选取与监督、合同签订与监督等。

自动控制在开展不相容职务控制方面，有其明显优势。企业通过在信息系统上设定不同的授权，从流程上即可自动实现不相容职务的相互分离。程序员和系统管理员独立于流程以外，按权限等级进行信息系统的初始设定。

（二）授权审批控制

授权审批控制是在职责分工的基础上，按企业分配的授权层级，为相关岗位及人员分配权限和责任，做到每项业务都有适当的责任人和权限等级，承担绩效指标的实现和法律责任。

1.授权管理

授权管理要求企业管理层建立权限等级，形成书面文件，从上至下委托授权。授权书明确管理职责分工、授权原则、授权具体内容和权限范围、授权期限和条件，保证各级权责明晰、执行有序。

2.授权要遵守的原则

（1）分级授权原则。授权应当从上到下，逐级实行，不得越级。

（2）有限授权原则。授权者应当在权限范围内授权，不得超越权限范围授权，否则为无效授权。

（3）权责对等原则。被授权者在享有授权的范围内，承担相应的责任，作为企业内部绩效考核的依据。

（4）全过程监督原则。被授权者应当自觉接受监督，并定期反映职责情况。

3.授权种类

企业授权的种类，有常规性授权和特殊授权。常规性授权是指企业日常生产经营过程中按岗位聘用的职责、按流程所处的位置进行的授权。

主要有预算审批授权、业务审批授权、支出审批授权、合同审批授权、投融资金授权、销售和运营授权、采购授权、资产管理授权、法律事务授权等。特殊授权是指特别项目或特定时期的临时授权，如新项目业务权限、投资、对外担保、关联交易等特别事项的授权。

4.审批控制

企业的各级人员在授权范围内办理业务，不得超越授权或未经授权开展业务。被授权人对业务的真实性、合规性、合法性及完整性进行复核和审查，以签名或签章的方式提出审批意见。对于符合企业要求，需要集体决策的重大问题决策、重要人事任免、重大项目投资决策、大额资金使用等事项，企业可采用集体会议决定或汇签制度；需要由董事会或股东大会决定的事项，应当按规定进行，个人不得单独决策，或擅自改变集体决策。

（三）会计事项控制

根据民法典和其他法律法规的要求，企业要设置会计机构，配置专业的会计人员，按会计行业的职业道德操守和业务胜任能力开展工作。如会计人员应当受过专业会计教育，会计机构负责人应取得会计师以上专业技术职称，大型企业应当配置总会计师或财务总监岗位，一般企业应至少设置会计和出纳两个岗位。企业应当设置会计负责人岗位。

企业应当严格按照统一的会计准则及企业的会计政策、会计制度开展会计工作，明确会计凭证、会计账簿和财务报告的编制流程，规范会计政策和会计事项，明确收入成本费用的确认、计量、记录和报告，监督会计核算合法合规。企业可定期对会计核算进行检查，包括审计和稽查，防范核算风险。

（四）资产保值控制

资产的保值增值是企业的职责，也是发展的基础。资产的合理使用与妥善保管，贯穿于企业经营的全过程。企业的内部控制应当强调对资产的管理。

1.建立健全资产记录制度

财务部门对企业所有的资产进行入账登记，以总账和明细账及报表的方式列示。资产管理部门应根据实物，建立资产台账，如实记录资产的现状，并要定期盘点，定期与会计账户进行核对。

2.特定资产特殊管理

对于现金和银行相关的印鉴、签章、支票、有价证券等，应当有特殊的保管方式，如指定特定人员管理、设立保险箱、设定物理隔离设备、配置监控设备等。对于价值高的物品，如珠宝、玉器及黄金等，还可以通过专业的存储空间，如银行保险柜等方式来管理。

3.加强存货管理

企业的原材料、在产品、产成品、代销商品等，都是有价物资，要有明确的控制管理方式。建立仓储管理流程，规范验收入库、如实记录、定期盘点、领用记录、出库记录等，都是保护存货的有效控制手段。还要针对存货的特性，提供合适的保管场地，如做好防火、防洪、防潮、防虫、防霉等保护设施。

4.购买重要资产保险

对企业的重要资产要适当购买保险，降低企业的风险。根据资产的性质，选择投保范围和投保金额。如发生损失的，要及时办理理赔手续。

5.资产处置管理

资产处置一般包括调拨、出售、投资转出、捐赠、交换、报废等。企业应当制订一定的资产处置报批流程，按规定的权限审批后执行。重大的资产处置，如房屋、车辆及土地使用权等，应当委托有资质的第三方中介进行资产评估，按评估价挂牌转让或出售。对于非正常的资产损毁、丢失或报废，应当及时分析原因、落实责任，按资产管理的流程层层上报处理。如果无法判断原因，还应当请专业部门进行技术鉴定。

6.绩效考评控制

企业对各责任部门及全体员工，定期考核其业绩完成情况并进行客观评价，得出绩效考评结果。员工的考核结果，将作为薪酬及职务晋升、评优、调岗、辞退的依据。企业建立合适的运营及管理目标，并将其层层分解到责任部门及员工。

7.档案管理控制

企业的日常运营活动，都需要以文件及记录形式存档，如何合理存储档案，是企业需要重视的问题。一般档案有企业规章制度、人力资源文件、管理文件、会议纪要、交易事项、合同及协议、会计资料、资产资料、对外报送的各项资料等。建立健全档案管理控制制度，是企业开展业务的重要依据，是企业有效获取、追溯和检验信息的手段。文件记录的介质可以是纸质、光盘、照片、磁带、音像制品等。留档的资料，一般都需要原件，或高清版、经确认盖章的复印件，否则，失去存档的意义。档案应统一编号，分类保管，尽量建立电子档案和实物档案；重要资料及数据，应有完好的备份。建立借阅及销毁制度，设立一定的管理权限及责任人。

（五）信息系统控制

企业的数字信息系统随着使用面的拓展，其内部控制难度也越来越大。企业应加强对数字信息系统的开发和维护、访问与记录、数据输入与输出、文件存储和保管、网络安全等风险的管控，保障信息系统的高效运作。信息系统控制应关注以下重点环节。

1.系统开发环节

首先，企业信息系统开发建设，是一项系统工程，其控制的重点首先在于规划控制，控制好整体设计，分清长期目标与短期开发、投入与资金匹配、规划与岗位配置、规划与组织架构、效率与协同等界限，有步骤、有层次地开展系统开发。

其次，开发建设要着重控制供应商或开发单位的选择，合理配置人员，明确系统设计、编程、安装调试、试用、上线等各环节的控制。强调执行过程与规划一致，人员及资源、资金的到位，项目关键环节有阶段性评审并且可控。如果发生不一致，要查明原因，看是初始规划不合理，还是执行阶段出现偏差，应适时做出更正。

另外，如果企业采取外包方式来搭建信息系统，则要关注外包的供应商是否具有行业优越性，产品是否与企业需求相匹配。此时，一是充分了解供应商的市场信誉、资质条件、技术力量、财务状况、服务能力、既往的成功案例等，择优选用。可采用公开招标或集体决策等形式来规避决策风险。二是研究产品的实操性，该产品是否符合企业需求。明确涉及的工作范围、合作内容、责任切分、双方技术对接、人员配置、所有权属、保密体系、数据及文件归档，以及合作期限、付款方式等，签订协议或合同，以此保障系统建设如期执行。

2.信息系统运行与维护环节

信息系统运行与维护环节也是企业需要关注的控制点。具体有日常运行维护、系统更新升级和日常使用管理。

（1）信息系统日常运行维护环节的控制，主要针对日常操作、日常巡检、维修、运行监控、报告及偏差处理等。一般通过建立规范的日常运行管理制度，设置维保人员岗位，进行定期巡检、有效备份、应急处理等来控制；也可以通过委托外包维保公司，来系统完成日常运行的监控。

设置防火墙和安全门户，是保障企业数据及系统安全有序运行的前提。企业可通过操作系统、数据库系统、应用系统提供的安全机制，设置安全参数，保证访问安全；安装安全防护软件，防范恶意病毒等的破坏；也可以委托专业的信息系统维保公司，安装有效的防护软件实时监控，达到安全保密的目的。

（2）系统更新升级环节的控制。当信息系统不适合企业需求时，需要对信息系统进行重新评价，更新升级或更换其他系统。这一环节，要做好承上启下转换工作的控制。首先，对于旧系统的数据和资料，要有安全的存储管理措施，规划好存储的方式、地点和环境，做好数据保护。对于应输入新系统的数据，要做好系统格式的转换，并有序录入新系统，避免在此过程中数据的丢失、遗漏或出差错。其次，对预计更新升级的内容，按照系统开发环节的控制来执行，确保系统可控。

（3）系统日常使用环节的控制。信息系统在具体的使用过程中，涉及企业的方方面面，控制要落实到位。首先，对数据输入环节要有恰当的控制，要做到录入权限有控制、处理审批有控制、数据合理性有检验校对、业务真实性有核对、时效性有检验，以及有审计跟踪查询节点、有备份和数据查找及恢复的控制，确保输入的信息是经授权的、有效的信息。其次，对数据输出环节进行控制，确保输出的数据无偏差，内部处理符合预设的流程，形成的结果可信，款项支付无误，输出的信息正确。具体措施有数据流程的内部校对、复核汇总或合并数据的准确性、匹配数据勾稽关系、手工审批节点的辨真、输出节点的授权完整等。

（六）全面预算控制

全面预算管理，是企业为统筹安排企业资源和资产，合理分解任务并落实经营责任的管理方法；是全方位、全过程、全员参与的管理模式，是企业提升管理水平和运营效率的有效手段，同时，也是内部控制及规避风险的有效手段。为控制其风险，企业应当关注以下几点。

（1）控制企业全面预算工作的组织架构，确保预算按规定及流程实施。充分发挥预算管理委员会的管理协调和控制职能，制定实施预算管理的制度、办法和要求等；明确每年的企业战略规划和运营目标；设定预算计划，确定预算分解方案、编制方法和编制流程；组织全企业进行预算编报并按预算实施；年末对预算总体执行情况进行分析、评价与考核。

（2）企业根据权责分类实行不同的控制方式。可以按投资中心、利润中心、成本中心、费用中心和收入中心等分类。对这些责任单位的控制，着重关注其预算编制的合理性、预算收支实现的可行性、预算成本核定的节约性，以及是否严格按经批准的预算执行。同时，及时分析、报告责任单位的预算执行情况，做好预算的综合平衡、考核及绩效奖惩的工作。

（3）企业运用数字信息系统来管理全面预算，应在适当的授权范围内对各环节加强控制。不管企业采用零基预算，或是滚动预算，都要重点关注各节点。预算管理委员会按企业收入及成本构成，细分明细。如收入部分，列明各责任单位的创收计划，按时间空间细分到每个月、每个星期、每个地域预计创收的金额；对于支出部分，按人员成本、原料成本、机器成本、营销费用、管理费用等细分，减少盲目一口价的预算编制方法。

另外，在执行过程中，重点关注责任单位是否按预算执行，如项目人数是否满足项目需求，原料、机器是否有闲置现象，创收活动是否有开展，是否完成创收指标等。

（4）有效考核预算。考核预算，是对责任单位的激励和约束机制，把预算与考核相结合，考核结果与经济利益挂钩，能最大限度地调动各责任单位的积极性和创造性。对考核的控制，应着重关注以下方面：首先，建立健全预算考核制度。考核制度的科学性、客观性、公正透明性，量化考核制度指标，使考核指标具有可控性、可达到性和明晰性。其次，所有责任单位都按统一的考核制度进行考核，尽量减少特殊性，体现公开公平公正性。最后，奖惩措施要及时落实，注意利益分配的合理性，防止实施中的人情因素。

（七）信息与沟通控制

企业应当建立良好的信息与沟通机制，及时、准确地收集、传递各项信息，确保顺畅、无误的有效沟通。加强信息与沟通控制，主要关注信息收集、内部沟通流程、外部沟通模式、舆情管控等。首先，企业要关注信息的收集，包括外部信息和内部信息收集。外部信息通过各种行业协会、专业机构、主管行政机关、政府、财政部门、税务局、市场、证券交易所、供应商、咨询机构等渠道，获取企业需要的信息。通过对信息的筛选、整理、提炼，得到有价值的信息，为企业的决策服务，提高企业管理水平与运营能力。同时，加强与投资者、债权人、监管部门、客户及律师、外部会计师等的沟通，获得企业的社会地位，树立良好的公众形象。

内部信息的沟通，关系到企业文化的培养。企业通过员工相互交流、座谈、培训、业务沙龙、企业活动、文件传阅、通信交流等各种方式，收集和传递、共享信息，提高工作效率，增强协作能力，强化员工认同感和责任心，实现企业战略的有效达成。

信息沟通的控制，要关注信息源、信息发布者、编码、传递通道、信息接收者、信息使用者几个方面。关注信息的真实性、信息表达的恰当性、信息使用的正确性，以及信息解读的情况和使用者的反馈。企业应正面引导信息的沟通，增强正能量的传递，提高信息的效率与效果。

第七节　数字化财务案例

市场上运用较广的龙头财务软件均具有数字化财务升级技术，如用友、浪潮、金蝶等。随着大数据及云计算的发展，产生了很多快捷的财务软件，可以为中小微企业提供财务管理便利。不少软件是通过对接第三方开放平台，实现移动式费用报销，如易快报、汇联易、每刻报销、元年云、泛微等。

目前用于费用报销的软件主要有两类。一种是基于财务共享中心（SAAS）的报销软件。此类软件一般对接第三方平台，应用成本低、功能丰富，通过共享云（如阿里云、华为云等）完成。其应用均由运营商开发并维护，并提供免费升级，用户只需注册账号登录即可使用，特别适合中小微企业进行财务管理。其缺点是无法进行太多的自定义设置，无法定制特殊的服务，无法满足企业的特别需求。另外，后台数据均不在企业监控范围，容易被人窃取，存在一定的数据安全风险，不适用于保密性强的企业。

另一种是基于本地部署的报销系统，是由企业自主开发，或引进成熟信息系统进行自主化配置二次开发的系统。该类系统成本高，与企业贴合性强，功能丰富，可融合报销、合同管理、预算管理、财务管理、薪酬管理等系列模块，满足企业个性化需求。其缺点是建设周期长、对企业技术人员配置的要求高。这种软件符合大中型企业的管理要求。

一、每刻科技为某广电集团提供的数字化财务解决方案

每刻科技公司（下称每刻科技）成立于2015年，是费控报销管理解决方案的供应商。其致力于运用先进的云计算及大数据等互联网技术，为企业提供数字化智能财务产品和解决方案。其为某广电集团提供的数字化财务解决方案如下。

（1）根据某集团的需求，嫁接到钉钉企业版的用户页面，依赖钉钉的原生态组织架构，在已有的集团部门、人员的组织信息基础上，组合集团内部数字化来组织架构。

（2）通过钉钉的原生态审批流程，按照集团现有表单及审批流程搭建线上移动审批流程，满足集团公文审批、办公用品领用审批、员工请假审批等OA移动审批需求，并可根据集团的内部调整进行适时修改，灵活性高，平台友好，使用便捷。

（3）充分利用钉钉办公软件的可开发性，按企业需求随时配置审批

业务流，如用车审批、食堂就餐审批、出入门禁审批、会议室预定使用等，上线时间快，操作便捷，更新快速，不受地域限制。

（4）利用智能人事管理模块，系统可以直接增加人力管理流程，建立员工花名册，实现人事模块的入职、离职、岗位调动、转正、实习等流程的审批。可对企业文化、员工关怀增加温馨提醒。实现员工的数字化档案管理，如录入档案信息、输入劳务合同，可一体化解决人员聘用管理。

（5）系统可实现薪酬信息共享。利用智能工资模块，通过上传员工基本信息、工资表格，在线上配置审批流程，经授权后，可统一发放给员工个人端口进行确认。

（6）满足集团货物、服务和工程采购审批需求。按照集团的管理分层，搭建货物、服务、工程、资产等采购的申请、报批流程，合同审批流程，可实现远程对成本的事前管控。同时，对采购的物品，适时形成明细台账，根据入库情况对购买数量进行核对，实现采购管理和数据分析的功能。

（7）支持企业员工差旅、参加会议等报销，涵盖申请、请款、回程、付款等环节；同时，支持不同单据类别的不同申请流程交叉使用，不同员工不同标准混合使用。对于员工请款，可以从信息系统中填报借支请款单，部分员工按诚信等级可设立为免审批报账。

（8）通过行程管理模块，以控件的形式展现，行程单可按企业需求自主定义，包括出发地、目的地、出差天数、时长、同行人等相关信息。同时，通过每刻科技旗下的每刻报销对接的第三方服务平台，可直接连接阿里商旅、携程等平台，直接预订机票、火车票、酒店，员工无须另外登陆商旅平台即可直接订票。考勤也相应按出差地进行变更，方便企业对员工出差及出勤进行管理。

（9）支持商旅平台消费流水接入功能。在企业注册并开通商旅平台、员工进行账号绑定后，当员工消费时，消费记录会自动同步至员工账本，属于工作业务时，将导入企业的信息平台模块，企业可读取所有员工的消费明细信息，可定期与平台对账并进入支付流程，实现差旅对账；如果企业与平台签订预付或定期结账协议，员工无须支付该费用，企业将定期与平台结账。该功能已整合阿里商旅、滴滴企业版、绿色公务、高铁管家等主流商旅平台。

（10）采用预算管理的企业，每刻报销提供预算管控功能。主要通过以下方面来实现。

①预算管理层。即安排预算的人员将预算分类及配置额度，按什么人、什么部门、什么项目能用多少预算的方式，进行预算编制、补充、变更和延续；设定预算在什么情况下给部门及人员使用；预算编制人员的授权等。

②预算体现层。预算编制人员设立了哪些预算项目，项目的来源有无授权等。

③预算使用层。预算使用人员通过端口使用预算，对于不符合的费用，将无权进入预算审批流程。

④预算时间管理层。企业可在系统上按月度、季度、半年或年度来安排预算，或由系统自动切分预算周期，在项目执行时，系统对预算执行时间范围进行管控，根据单据提交时间，匹配预算期来安排。如上个期间的预算结余，则可设定为自动转至下一期间，也可设定为预算冻结。出现需要冻结预算时，系统可控制校验的触发标准，设定为强制示警或不示警。当预算冻结后，系统自动统计预算执行情况，形成实时的可视化管理报表，供管理人员查阅、下载，同时支持对数据的层层穿透查看，查阅明细支出单据。

⑤预算标准层。通过预设的预算标准及管理规定，支持按不同员工不同级别，预设不同的住宿标准及差旅标准。员工申请出差时，系统读取预算额度、触发费用控制规则校验，自动截取超标的酒店或交通等信息，员工只能看到标准内的可选项。

⑥预算反馈层。通过预算模块，成本和费用进入系统支付流程，读取预算后，自动反映到预算执行记录中，标记预算的执行明细及余额减少。预算负责人和财务人员可联查每笔费用所对应的预算信息，了解预算执行情况及余额情况。

（11）满足费用报销的对比管理功能。系统支持关联事前申请单和个人请款单，通过预设的校验规则，自动核对报销金额不大于借款金额；

通过报销对借款金额自动冲抵的关联，计算实际应付金额，同时，同步更新员工借款台账的信息。

（12）支持AI技术，实现纸质票据的拍照智能识别功能。

①每刻报销可识别增值税普通发票、增值税专用发票、电子发票、火车票、出租车票、机销单按费用类别自动映射到会计核算系统的会计科目中。

②预设好凭证字段映射规则，系统自动把报销单的信息匹配到目标模板，形成唯一的字段，通过会计系统的接口，生成有连续凭证号的会计凭证。

（13）支持企业内不同组织共同使用。企业在钉钉企业版上设置不同组织结构，可以启用不同的用户组（虚拟组织、部门），设置不同的组织流程，每个用户组可以是不同的公司，支持多组织的业务运作，按不同的组织维度设置审批流程。

（14）具备数据统计功能。每刻科技的流程采用Pass架构，流程高度自定义，配置只需简单的拖拉拽，即可按需增加审批、抄送、流程多项分支、多种条件组织配置。审批人可选择固定人员、固定范围人员、连续多级主管、制定用户组、手工选择审批人等多种策略。同时，对于单据支持手写签名与打印，所有审批数据自动筛选生成多维度报表，数据长期保存在阿里服务器，可供随时下载分析。

二、易快报软件案例

易快报是优秀的企业报销与费控管理平台，为企业提供移动报销、全程费控、预算管理、商旅管理、票据管理的一站式解决方案。以连接为核心，以业财一体化为目标，帮助企业从财务视角建立合规的预算和费用管控模式；同时，从经营视角，提供敏捷的决策分析，促进企业降低成本，提升效率，实现效益最大化。

易快报成立于2014年，企业对外宣布，于2015年5月获得1300万元人民币的Pre-A轮融资；2016年10月获得3000万人民币的A轮融资；2019年1月获得1500万美元的B轮融资；2019年10月获得5000万美元的C&C+轮融资；投资方包括老虎环球基金、DCM、明势资本及红杉资本、曼图资本等投资公司。

易快报将市场定位为抢占具备付费能力的大中型企业，以报销系统为入口，为企业提供费用报销服务。同时，在系统前端聚合多种消费平台，充当企业费用交易接口，并连通消费平台与报销场景，实现费用的管控。易快报从免费服务转为付费服务，逐年保持用户数量与营收的快速增长。至2019年末，易快报付费企业超过2000家，集团型用户数量占10.2%。

易快报的核心功能，在于打通了订购—报销—支付—记账全流程，实现全电子化的数据联通，可以让企业的费控管理更加合规、透明、高效。同时，易快报聚合多家消费平台（携程、途牛等），可完成一站式差旅办公订购，导入消费即可直接报销；实现报销系统直连支付，支持国内主流网银；与主流ERP（用友、金蝶、SAP等）成功对接，报销单一键生成财务凭证。易快报还推出国内首个电子化发票报销解决方案，扫描发票二维码，即可导入发票信息，自动校验纳税人识别号和抬头，完成发票的验真和查重。

易快报的产品功能主要有以下几方面。

（1）个人报销功能。可实现移动端随时随地申请、借款、报销。

（2）对公付款功能。可支持各类对公费用支付场景。

（3）发票管理功能。支持发票验真查重、OCR智能拍票、纸质发票批量复核、电子发票电子存档。

（4）第三方导入功能。一键导入第三方平台消费，无须人工录入。

（5）费用标准功能。可按部门、职级、城市等设置费用标准，系统自动按岗位分类推送符合标准的选项。

（6）预算费控功能。实现事前预算—事中控制—事后分析的全程费控。

（7）报表分析功能。提供费用精细化BI分析、在线财务透视表，供管理层随时查阅。

（8）项目台账功能。建立以收定支的资金管理模式，确保企业收益。

（9）自定义配置功能。提供强大且灵活的自定义功能，满足企业的个性化要求。

（10）数据互联平台功能。提供标准 OPENAPI，连接 ERP、OA、CRM 等系统。

（11）统一支付平台功能。对接多家银行，通过网上银行签订的支付协议，实现直联，一键统发付款。

（12）智慧财务平台功能。对接主流财务软件，与用友（T+、T3、T6、U8、NC）、金蝶（KIS、K/3Wise、K/3Cloud、EAS）、SAP 等成功对接，实现自动化记账。

（13）聚合费用报销平台功能。实现一站式差旅、出行、用餐、办公采购服务，是企业打通第三方商旅平台的桥梁。

三、汇联易软件案例

汇联易成立于 2016 年，定位为全流程费用管理平台。其凭借在智能报销和费控领域的沉淀，拥有近百万深度活跃的用户。聚合费用、授控支付、预算费控、移动报销、智能审批、发票处理等众多业务场景可一站式完成，打通了企业消费与报销之间的数据流程壁垒。汇联易是业内首家进入海外市场的财务服务商，2020 年 3 月完成了 C+轮 3 亿元的融资，品牌实力再次获得资本市场的认可。

汇联易平台拥有超 3000 家客户，其中覆盖 30 余家头部企业，累计处理报销金额近百亿元。2019 年正式提出"授控支付"理念，通过虚拟公务卡进行消费额度控制，覆盖企业的所有商务消费场景，从消费源头解决员工垫资问题。

汇联易针对产品服务要求高、付费能力强的头部客户更新产品，收获了市场用户的肯定，品牌力与产品力均得到提升。随着企业精细化管理需求的日益增加，汇联易能够满足头部品牌的企业差异化需求，使其优先受益。

汇联易费控管理云平台借助数字化、智能化手段提升报销效率，减少报销审核工作量，避免员工垫资，帮助管理层管控，深层次解决痛点，提升多方体验。头部客户的获取，从侧面肯定了其产品的交付能力，这对其未来占领中小企业客户市场也是极大的优势。

汇联易通过在客户的移动端安装 App，实现费用报销的全流程管控。

纳入场景的业务费用和报销领域有：出行、机票、酒店、加油卡、通信费、场馆租用预订、报销管理、自动生成凭证、个性化费用填报字段、多种报销单据、发票价税分离、多币种填报、多成本中心设定、灵活的审批架构、手机扫码审批报销单、银行数据导出等。

　　汇联易联合支付宝花呗、饿了么、用友银企业联等一线平台，推出以提升管理效能为目标的新功能。通过支付宝，对员工报销进行付款，实现批量支付，款项直接支付到员工的支付宝账户和银行卡。员工也可以通过支付宝账户，进行报销收款和借款等业务。

第六章　财税 RPA

第一节　RPA 技术面面观

随着技术升级、算法精进，RPA 逐渐为人们所知。读取信息、录入单据、订单分类、发送邮件，这些重复烦琐的工作占据了大量的时间，RPA 的出现将彻底改变这一现状。"将重复的事交给 RPA 做"这句话已经由标语变为现实。

一、RPA 是什么

RPA（Robotic Process Automation）指通过用户界面层，模拟并增强人与计算机的交互，执行基于一定规则的、可重复操作任务的软件解决方案。简而言之，RPA 是指机器人通过记忆人工桌面操作行为和规则，自动复制执行操作。RPA 可辅助完成一系列重复性任务。

随着多系统并存、数据抓取等问题的出现以及人力成本的不断攀升，企业的自动化需求愈发急迫。企业渴望寻求一种技术路径去更好地连接多个并存系统，以打破"数据孤岛"、降低人力成本、提升流程效率。这为 RPA 的发展提供了契机。基于模拟人工自动操作的原理，RPA 天然适用于规则明确、重复量大的使用场景。"规则明确"使 RPA 的应用有可能，"重复量大"使 RPA 的应用有意义。与传统软件系统开发相比，RPA 在落地使用方面更为灵活，投资回报周期短，使用者准入门槛低。传统软件系统的开发需要使用者有专业的编程知识，花费大量时间和精力编写程序脚本,开发和调试所需时间长且成本高。而RPA产品部署灵活简易,开发成本低,投资回报周期短,适用于各种环境。RPA与传统IT系统的具体对比如表6-1所示。

表6-1 RPA与人工、传统IT系统的对比

人工	传统IT系统	RPA
需要集中培训,难度适中 人工成本、管理成本。培训成本较高 人员培训时间为2~6周 投资回报周期为2~3年	需要专家开发系统,难度较高 软件开发成本高 需要长时间的开发与调试(05~1年) 投资回报周期约3~5年	流程编写较为简单,难度低 开发成本低 不需要很长的开发时间(2~6周) 投资回报周期少于1年

RPA在使用门槛、部署周期、平衡效率与收益上有着不可比拟的优势,因此被称为"数字化劳动力"(Digital Labor)。其通过数字化智能软件模拟完成人类工作,为重复、烦琐或高强度的工作提供充沛的劳动力补充。今天,已有不少企业在财务管理、税务管理、人力资源、供应链管理、客服中心等办公领域采用RPA取代了一些重复且烦琐的日常流程中的人力。

二、RPA的技术特点

由于可模拟人工操作并通过软件自动重复执行,RPA与传统软件开发相比具有成本低、周期短、部署灵活的优势。RPA的技术特点主要包括机器处理、以外挂形式部署、基于明确规则、模拟用户操作。

(一)机器处理

RPA是一种软件机器人,按照设定要求模拟人工完成重复、机械式的任务。机器自动化处理替代传统人工操作后,一方面机器人7×24小时不间断工作,极大地降低了人工成本,提高了流程效率,确保了信息的实时性;另一方面机器人避免了人工操作可能出现的疏漏和员工坏情

绪等个人因素的影响，保障了工作质量和效率，提高了数据处理和报表的可靠性、安全性、合规性。

企业工作系统的最底层是核心诉求和数据，第二层是 Excel、Word 等基础软件，第三层是 ERP、CRM（Customer Relationship Management，客户关系管理）系统、WMS（Warehouse Management System，仓库管理系统）等流程系统。而 RPA 是这三层结构之上的软件层，不改变企业已有的 IT 系统，以外挂形式部署。

基于这样的技术特点，RPA 部署灵活、开发周期短且开发成本低，保障了企业原有系统的平稳运行。

（二）基于明确规则

RPA 主要是代替人工进行重复机械式操作，研发时需要基于明确规则编写脚本。因此，RPA 的适用流程必须有明确的、可被数字化的触发指令和输入，工作期间可能出现的一切场景都可以提前定义，如财务、人力资源、供应链、信息技术等部分流程都符合 RPA 适用条件。也就是说，RPA 不适用于创造性强、流程和系统变化频繁的工作场景。

（三）模拟用户操作

RPA 主要模拟的是用户手工操作，如复制、粘贴、鼠标点击、键盘输入等。例如，国内早期出现的按键精灵通过录制用户在界面的所有操作，记录鼠标点击位置和键盘数据字符，据此形成脚本分配给机器人操作，从而实现自动处理表格间数据的转换、自动调整文档格式、文章排版、自动收发邮件、自动打开检验网页链接、文献检索、收集资料等操作。与现行成熟的大型编程软件相比，RPA 就像是这些软件中的一个小控件，无论是编译器的效率，还是调试侦错的手段，都略逊一筹。但是，RPA 使用起来更简单、更灵活、更方便，成本低、收益高，这就是 RPA 被广泛应用的根本原因。

三、RPA 的应用领域

根据技术操作本质，RPA 可分为两种。一种为"基于手工操作的任务处理"。即由 RPA 在计算机上对员工操作进行记录，并将其处理为计算机可理解的对象，使计算机能够基于一定的规则处理登录内部应用、处理日常邮件、填制表格等任务。另一种为"基于规则判断的任务处理"。即由RPA模拟人类进行计算、识别、数据处理、分析预测等，例如通过OCR技术将图片信息转化成文字信息、利用爬虫抓取万维网的脚本和程序等，从而间接地完成人类模拟动作。

目前，RPA已应用于多个行业，在企业经营管理的各类场景中发挥其自动化处理任务及模拟人类判断的优势，助力企业在财税、采购、IT、人力资源等领域提升管理水平，本节以企业中流程规则明确且手工操作相对较多的典型领域为例，介绍RPA的具体应用。

（一）财税

RPA可应用于采购到付款、销售到收款、存货到成本、总账到报表、税务管理、资金管理、档案管理、财务分析等领域的多项基础操作流程。

1.采购到付款

RPA机器人可自动上传供应商资料信息以辅助管理主数据，并可将付款信息提交至资金付款系统完成实际付款。

2.销售到收款

RPA能够抓取开票数据并自动开票，实现应收与实收数据的对账及核销。同时，RPA具有跨系统平台查看并处理数据的能力，能够及时跟踪和评估企业回款能力，如医院可通过RPA告知患者账户余额等信息，避免其付款延迟。

3.存货到成本

RPA可自动录入成本统计指标，执行成本费用分摊。

4.总账到报表

RPA能够串联不同系统，获取大量信息并进行验证，确保总账的正确性。

5.税务管理

RPA可高效地进行税务相关数据采集处理和自动纳税申报，完成税务拨备计算等工作。

6.资金管理

RPA能够自动实现资金归集、资金计划采集处理、银行对账，并出具银行余额调节表。

7.财务分析

RPA可于固定时间自动到指定网站查询并下载竞争对手和相关企业财务报告，对从财务报告中提取的收入、净利润、净资产等数据进行汇总、整理分析和报告输出。

（二）采购

采购模块涉及采购需求管理、供应商录入和维护、供应链管理和付款流程审批等任务。RPA可应用于采购的全过程。RPA可帮助企业进行需求和供应规划的端到端管理，综合采购、运输、库存等情况，辅助采购部门人员评估需求，进行采购决策。RPA能够在订单标准化的前提下，按照年度采购需求和合同要求执行细化的采购任务，例如帮助企业完成新供应商录入系统、自动评估采购申请并寻求相关领导审批、自动下达订单、及时通知采购团队收集并执行订单、订单完成后可自动关闭订单并通知客户。在接收发票和付款方面，RPA可通过OCR技术提取发票数据，并自动与采购订单匹配，简化发票处理过程，为企业的采购工作降本增效。

（三）供应链

供应链管理往往涉及大量后台操作，RPA可在供应商选择、产品转移、物流跟踪、库存监控等环节实现自动化。能够自动生成供应商列表和评估报告，便于企业了解和选择合适的供应商。自动处理订单和支付，将订单信息提取至公司数据库并通过邮件或短信进行确认。在库存上设置选项卡，当库存低于阈值时自动通知人员处理，并可预测最佳库存值，优化库存管理流程。自动识别客户邮件中的物流状态查询请求，然后登录系统查询并向客户传达，减少人工干预。制造业、物流业等存在大量货物流动的行业均可利用RPA优化供应链管理。

（四）风险控制

RPA能够实现关键信息快速提取、比对和问题识别，可有效辅助风控工作。例如，银行在信用卡业务中可通过RPA跨系统进行客户信息搜集整理，自动完成信用检查和背景调查，并根据相关资质参数进行下卡操作。在反洗钱工作中，RPA可定期自动收集客户数据、验证不同来源的客户信息，自动完成黑名单查询、政治敏感人物信息收集、高风险交易筛选、客户风险评估以及可疑交易报告编写等流程。面对潜在的欺诈行为时，RPA能够及时识别并进行账户标记，辅助相关部门进一步审核调查。政府机构亦可利用RPA进行护照、合同关键信息的自动识别，并有效把控文件未签字、未盖章等不规范情况。企业也可利用RPA完成文档风险点识别、跨格式合同比对等操作，还可辅助审批。

（五）人力资源

在人力资源领域，RPA可帮助企业寻找合适候选人，自动汇总、筛选简历，自动进行履历验证；通过设置自动更新表单，快速为HR提供准确的人事数据；自动生成、发送培训邮件；自动进行缺勤检查和信息报告输出；自动整合离职人员数据并向下游系统反馈，生成离职文档，撤销相关人员的系统访问权限等。

（六）信息技术

系统的运营维护在IT项目中占据了大量时间，来自流程及人员方面的失误极大地影响了IT服务质量。而RPA则为IT部门提供了高效管理和解决信息技术问题的方案。RPA可例行检查各类型服务器、应用程序及其他系统，保证其正常运行，同时会将相关问题自动标记并提醒IT部门进行修复。IT部门也可以使用RPA批量执行文件管理、重启和恢复、安全系统集成等操作，减少人为错误，节约时间，通过快速响应来提高服务质量。

基于外挂形式部署的特点，RPA能够帮助涉及较多操作系统的行业显著提升IT问题解决能力。例如，电力公司内部部署的传统操作系统或软件平台通常需要大量手工操作，而RPA可自动登录SCADA（Supervisory Control And Data Acquisition，数据采集与监视控制）系统、GIS（Geographic Information System，地理信息系统）和定制开发系统进行故障检查，并能够快速获取已发布作业的细节信息、创建内部工作单，为员工分担大量低附加值工作。

（七）客户服务

企业的客服人员承担树立品牌形象、管理客户关系的重要职责，但繁杂的客户信息收集和应对工作经常使客服人员不堪重负，服务质量难以提升。RPA能够优化业务流程、自动管理客户数据、预测客户需求，并可生成客户数据分析报表，极大地减轻客服工作量，缩短客户等待时间，在提升客户满意度的同时使企业更深入地了解客户期望，有的放矢地增强企业竞争力。

例如，在电信业等广泛面向个人用户的行业，RPA能够有效协调管理大量服务订单，整合并验证不同来源的订单信息，高效处理订单以缩短周转时间，并可辅助匹配客户身份和已知数据，对客户身份进行及时验证。而在政务服务等需处理繁杂咨询工作的行业，RPA能够执行相关资料的自动化检查及信息录入，并可自动处理服务热线、智能分配和回复各机构案件，达到提升咨询效率和优化服务体验的效果。

四、RPA 的发展阶段

在自动化技术不断革新以及人工智能等相关技术不断发展的今天，RPA的功能逐渐完善，逐步从桌面自动化软件向能够代替人工作的虚拟劳动力转变。RPA市场发展潜力大，需求持续增长，技术应用如火如荼，中国市场虽起步较晚，但目前已然呈井喷式增长态势。

（一）RPA 产品持续变革

根据咨询公司 Everest 发布的报告，RPA 的发展主要包含 4 个阶段，即辅助性 RPA（Assisted RPA）、非辅助性 RPA（Unassisted RPA）、自主性 RPA（Autonomous RPA）、认知性 RPA（Cognitive RPA）。

1.辅助性 RPA

即 RPA 发展的 1.0 阶段。在该阶段，RPA 被称为虚拟助手，主要工作目标是提高工作效率。在此阶段，RPA 涵盖机器人自动化的主要功能部署在员工的 PC 机上。局限是难以实现端到端的自动化，不能成规模地应用。

2.非辅助性 RPA

即 RPA 发展的 2.0 阶段。自该阶段起，RPA 被称为虚拟劳动力，主要工作目标是实现端到端的自动化和虚拟员工分级。在此阶段，RPA 主要部署在 VMS（Virtual Memory System，虚拟内存系统）上，主要特征是能够编排工作内容、集中管理机器人、分析机器人表现。局限是依旧需要人工对机器人进行控制和管理，操作过程中需要改变用户的管理界面和系统。

3.自主性RPA

即RPA发展的3.0阶段。在该阶段，RPA的主要工作目标是实现端到端的自动化，以及成规模发展多功能的虚拟劳动力。在此阶段，RPA主要部署在云服务器和SaaS（Software as a Service，软件即服务，是一种软件租赁使用模式）上，主要特征是实现自动分级、动态负载平衡、情景感知、高级分析和工作流。局限是处理非结构化的数据非常困难。

4.认知性RPA

即RPA发展的4.0阶段，是对RPA的未来展望。其主要工作目标是运用人工智能技术分析非结构化数据，预先进行规范性分析，自动编排多任务，让各场景工作流程更加自动化、智能化。

目前，大多数RPA厂商所提供的产品处于RPA2.0至RPA3.0之间，主要按照固定脚本执行命令，基于明确规则完成数据处理等自动化任务。在此阶段，在RPA自动模拟人工操作的同时，仍有许多环节需要人工干预，在功能方面存在一定局限性，未来还需进一步完善技术，提高产品的自动化程度。同时，RPA与人工智能的融合已成为行业未来的发展趋势。在整合应用的过程中，人工智能如同RPA的大脑，通过计算机视觉、语音识别、自然语言处理等技术获得认知能力，能够实现预测、规划、调度和流程重塑，从而辅助RPA向可自主识别、分析、判断和执行的认知性RPA转变。

（二）市场迸发活力

RPA技术的发展也可以通过技术成熟度曲线描述。技术成熟度曲线简称Hype曲线，指新技术、新概念在媒体上的曝光度随时间变化的曲线。Gartner公司将中国ICT（Information and Communication Technology，信息与通信技术）成熟度曲线划分成5个阶段：第一个阶段是科技诞生的触发期，在此阶段，随着媒体的报道，技术的知名度开始提高；第二个阶段是期望膨胀期，早期公众的过分关注演绎出一系列成功的案例，对于失败的案例，有些公司采取了补救措施，而大部分公司无动于衷；

第三个阶段是幻灭期,当幻象破灭之后,技术进入低谷,甚至做风险投资的人对此都没有兴趣;第四个阶段是稳步爬升的复苏期,在此阶段,新科技会在市面上受到主流媒体与业界的高度关注;第五个阶段是进入实质生产的成熟期,在此阶段,新科技产生的利益与潜力被市场接受,技术的工具、方法论经过数代演进,进入非常成熟的阶段。目前,RPA技术处于第二阶段,正在向第三阶段演进。

从业务和市场的角度来看,RPA在亚洲市场起步较晚,主要原因有两点:一是大型企业对于数据安全和系统的稳定性要求比较高,且新兴事物有一个被接受的过程;二是RPA产品有一个本地化的过程,企业必须拥有自主的知识产权,必须拥有核心技术,才有能力去做完全的定制开发和本地化运营。虽然起步较晚,但RPA市场在2018年以来正在高速扩张。据HFS Research数据统计,2018年RPA在北美洲、拉丁美洲、亚洲、欧洲及非洲的市场总量约达17.15亿美元,其中亚洲市场总量约占22%。亚洲市场主要集中在印度、新加坡等国家,但考虑到综合体量,预计中国的市场贡献率会急速增长,甚至成为RPA在亚洲的第一市场。根据测算,2022年亚洲市场规模将达63.5亿人民币,其中中国市场规模将达31亿人民币。

RPA在全球范围内历经数十年发展,在中国市场也逐渐火热,如表6-2所示。

表6-2　RPA的主要技术公司

序号	公司	成立日期
1	NICE	1986年
2	Blue Prism	2001年
3	Automation Anywhere	2003年
4	UiPath	2005年
5	阿里云	2009年
6	艺赛旗	2011年
7	来也科技	2015年
8	和信	2015年
9	达观	2015年
10	金智维	2016年

随着市场环境的变迁和自动化、智能化技术的迭代，企业对于 RPA 的需求和关注度高涨。面对不断扩大的市场规模，RPA 还需针对具体的应用领域和场景进一步行业化、定制化，以满足多种需求。未来随着与 AI 技术的整合，RPA 将会涉猎更多应用场景，在更广泛的行业领域取得突破性进展。

五、RPA 的产品架构

本节总结了目前市场上主流的 RPA 产品的架构，并介绍了数个知名厂商的 RPA 产品架构。这些 RPA 产品各有千秋，有的操作便捷，提供直观的流程开发；有的提供强有力的角色管理，方便监控自动化的执行；有的侧重于安全性、稳定性。用户可以根据实际情况选择能够满足自身需求的 RPA 产品。

（一）主流 RPA 产品架构介绍

RPA 是计算机编程的软件，而非可行走、可沟通的机器人，是替代人来实施基于规则的高重复性工作的程序，而非实体存在的流程处理机器。典型的 RPA 平台包括开发工作室（Development Studio）、机器人控制器（Control Center）、机器人（Robot）。

1.开发工作室

开发工作室，又名机器人设计器、设计工作室等，用于配置机器人或者设计机器人。通过开发工作室，开发者可以对机器人执行的指令和决策逻辑进行编程。开发工作室要求开发人员具备相应的编程技能。开发工作室的主要组成部分包括记录仪和插件/扩展。

作为开发工作室的一部分，记录仪就像 Excel 中的宏命令一样，可以记录机器人的每一步操作，包括 UI（用户界面）中发生的每一次鼠标操作和键盘输入，使不限次数的操作重现成为可能，为极速自动化奠定基础。记录仪为 RPA 的流行和普及做出了非常大的贡献。

为了让配置和运行机器人变得简单，大多数开发工作室提供了许多插件和扩展应用。因为通过传统的技术单独标识用户界面控件并不容易，所以 RPA 供应商开发出一些插件和扩展应用来解决这一问题。

目前，市场上大多数 RPA 供应商均可提供直观、功能丰富的开发环境，包括高度可视化的中文设计界面、流程图式设计理念（通过拖找即可进行流程设计）。其底层设计脚本采用Python语言，支持图片识别方式和快捷键，支持变量定义，调试过程灵活，即使没有IT基础的业务人员也可以轻松完成一些自动化流程的基础配置和设计工作。其中，页面获取的文本、步骤运行的结果都可以通过变量的方式进行自定义保存，供后续步骤调用。

2.机器人控制器

机器人控制器，又名机器人服务器，用于控制、部署和管理机器人，从而与业务应用程序进行广泛的交互。它能够通过网络监视并控制机器人的运行，可以开始/停止机器人运行，为机器人制作日程表和日志展示分析，维护和发布代码，重新部署机器人的不同任务，管理许可证和凭证等。

3.机器人

机器人也被称为机器人运行，通过其他组件实现运行。按照所需人工干预的程度，机器人可分为有人值守机器人、无人值守机器人和混合型机器人，各类型机器人并不互斥，反而可依据各自的功能和特点在流程运作中互相帮助。企业可根据不同自动化项目的需求，选择部署单一或混合型机器人。

有人值守机器人即需要人工干预的机器人，在用户的计算机或部门服务器上运行，可根据用户需求量身定制，采用用户触发、事件触发、条件触发等方式与人员协同完成简单的重复性工作，经过编程后还可提供相应的指导建议。有人值守机器人可在客户服务等领域提供辅助，通常会涉及多屏幕、多界面间的转换，因此该类机器人需具备灵活且用户友好的特征。

无人值守机器人即无须人工干预或在特定场景下仅需少量人工干预的机器人。无人值守机器人可由活动或事件触发，也可由另一个机器人、编排器或工作流程管理设备触发，或按照一定的时间和计划自动执行。无人值守机器人能够全天候、全自动地处理大批量基于交易的流程，通常用于任务繁重的后台办公场景，完成索赔处理、发票处理、数据和文档处理等工作，帮助简化后端流程。

混合型机器人即有人值守机器人和无人值守机器人的组合，通过用户触发、事件触发、条件触发等方式执行，适用于大量用户交互的场景。混合型机器人结合了其他两种机器人的优势，利用有人值守机器人优化用户服务，同时自动启动无人值守机器人完成后台任务处理，从而在申请处理等复杂业务流程中实现端到端的自动化和可视化管理。

RPA机器人的工作流程如下。

（1）开发人员指定详细指令并将其发布到机器上，具体包括应用配置、数据输入、验证客户端文件、创建测试数据、数据加载及生成报告。

（2）业务人员通过控制中心给机器人分配任务并监视它们的活动，可将流程操作转化为独立的自动化任务，交由机器人执行。

（3）机器人位于虚拟或物理环境中，不需要对系统开放任何接口，仅需通过UI界面与系统交互，完全模仿人类操作，自动执行日常劳动密集的任务。业务人员审查并解决任何异常或进行系统升级。机器人能够与各种各样的应用系统如ERP系统、CRM系统等进行交互。

（二）各类RPA产品架构介绍

围绕开发工作室、机器人控制器、机器人三大部分，主流RPA厂商依据不同的产品特点，在产品架构设计方面有些许差异。这里以国内外几家RPA厂商为例，介绍其各自的RPA产品架构。其中，Blue Prism、UiPath、Automation Anywhere为最早主营RPA产品的公司，也是如今RPA行业的三大巨头，在国际上居于领先地位，而Uibot、艺赛旗、金智维、达观、和信融慧则为近年来在国内具有影响力的RPA厂商，其RPA产品架构具有一定的代表性。

1.UiPath

UiPath于2005年成立，是近年来在RPA领域备受瞩目的企业软件公司，也是目前规模和市场估值均占行业领先位置的RPA企业。2019年4月，其估值已达70亿美元，这也让不少创业者和投资人关注到了RPA。UiPath拥有聚集20万开发人员的强大社区，以及在全球2500多家企业中工作的500多万个机器人。2019年，UiPath在Gartner《机器人流程自动化魔力象限报告》中获评为"领导者"。

UiPath RPA产品架构主要由3部分组成，分别是工作室、编排器和机器人。

（1）工作室。UiPath RPA产品中最基础的部分，又名可视化流程设计器，是给机器人布置任务、梳理流程的平台。用户可以在工作室中可视化地设计流程，无须使用代码，通过记录仪、拖拽小工具和最佳实践模板来组织涵盖一系列技能的活动和任务。

（2）编排器。基于浏览器的服务器应用。当机器人数量达到一定规模时，我们可以使用编排器将机器人集中在一个安全的平台进行集中管理，以创建、监控、部署机器人。

（3）机器人。执行用户在工作室中录制好的脚本，帮助用户处理业务。机器人默认支持Windows环境，因此有Windows服务的所有权限，可以打开Windows的进程，也可以选择用户模式来安装，从而使机器人拥有和用户一样的权限。

2.Automation Anywhere

Automation Anywhere（以下简称"AA"）于2003年成立，总部位于美国加利福尼亚，是全球领先的RPA供应商之一，致力于利用软件机器人实现业务自动化。其业务范围覆盖全球十几个国家，旗舰产品为IQBot和Automation Anywhere Bot Store，前者可通过观察人类行为进行学习，后者为应用市场。AA是较早推出基于Web的云原生RPA平台的公司，更强调其产品的全面和易用性。产品的交付和运维都基于云完成，便于企业根据需求进行本地或云的混合部署。在企业内部，员工通过浏览器、操作系统和移动设备都可以调用RPA机器人，这意味着RPA产品从传统的项目制、单机部署，走向了"RPA即服务"阶段。

AA机器人遵循分布式架构，便于主控制器集中管理机器人。AARPA产品架构主要包括机器人创建平台、主控制器、机器人。

（1）机器人创建平台。用于创建机器人。多个开发人员可创建多个单独的机器人，以便一次执行所有机器人的任务。

（2）主控制器。架构中最重要的组成部分，用于控制机器人。主控制器提供用户集中管理、自动化部署、源代码控制等功能，并提供可视化面板。

（3）运行机器人。执行部署的任务，安装在客户端，可将执行日志报告传至主控制器。

3.Blue Prism

Blue Prism（以下简称"BP"）于2001年成立，是一家致力于开创并制造企业级RPA产品的跨国软件公司，也是RPA行业唯一上市企业。其于2012年提出了机器人自动化的概念，在行业市场占有率和产品质量方面均处于领先地位。与其他很多RPA企业致力于制造大规模普及的生产力工具、提供桌面级工具不同，BP定位于企业级产品，提供统一管理、统一标配的数字劳动力平台，为整个企业服务。BP的机器人更接近虚拟员工，是集工作安排、异常处理、安全审计、AI集成等能力于一体的综合数字工作者。

完整的BPRPA产品架构包含一个数据库服务器和多个交互式客户端、运行机器人以及应用服务器，具体数量依赖于具体业务场景运用。

（1）交互式客户端。可称为开发机或管理机，用于配置或控制环境、监控机器人的执行情况。在开发环境中，交互式客户端用于开发或维护应用程序，所以需安装配置所有目标应用程序以及相关组件或客户端，例如Java访问桥（Java Access Bridge）、SAP系统的图形用户界面（SAP GUI Scripting）、Adobe PDF阅读器（Adobe PDF Reader）、用于主机（Mainframe）自动化的终端模拟器等。

（2）运行机器人。负责执行所分配的流程，运行时无须人工参与。机器人可从数据库中抽取流程定义，并与第三方应用程序进行UI交互，从而实现自动化并生成日志。

（3）应用服务器。持有数据库连接信息，使客户端只需通过服务器IP即可与其建立连接，有效防止数据库信息外泄；同时可调度日程排布以及配置密钥，以实现数据加密传输。一般情况下。BP服务器部署在指定的虚拟服务器上，但也可在同一设备上配置多个BP服务器以适应不同环境。

（4）数据库服务器。主要用于存储流程、日志、审计以及用户信息等。BP支持SQL数据库，用于存储流程步骤、公用模块、用户证书、审计信息和流程运行日志。

4.UiBot

UiBot是北京来也网络科技有限公司（以下简称"来也科技"）开发的行业自动化解决方案开发平台。来也科技成立于2015年，核心技术涵盖深度学习、强化学习、RPA、自然语言处理、个性化推荐和多轮多模交互等。2019年，来也科技与奥森科技合并，携手UiBot全面进军RPA+AI市场。奥森科技的RPA产品UiBot与来也科技现有的AI能力以及对话机器人吾来相结合，提供流程自动化与自然语言处理兼备的机器人解决方案，可大幅提升运营效率、降低人力成本。

UiBot RPA产品架构主要包含开发工具、运行工具、控制中心三大模块，为机器人的生产、执行、分配提供良好载体。

（1）开发工具。提供搭建机器人或设计软件机器人的配置。UiBot支持用户一键录制流程并自动生成机器人，实现可视化编程；支持浏览器、桌面、SAP等多种控件抓取操作，适用环境广泛；支持C、Lua、Python、Net扩展插件以及第三方SDK接入，扩展方案多样灵活。

（2）运行工具。供用户运营已有机器人或查阅运行结果。UiBot RPA支持有人值守机器人、无人值守机器人两种模式，可通过定时启动、重复执行、条件触发等多种方式触发执行。UiBot RPA产品支持Win、Linux、OSX等系统，兼容性强。

（3）控制中心。用于多个软件机器人的部署与管理。UiBot RPA支持对机器人的日志追踪与实时监控，以及对机器人工作站进行综合调度与权限控制。

5.艺赛旗

上海艺赛旗软件股份有限公司（以下简称"艺赛旗"）于2011年在上海成立，从事智能软件研发及技术服务，是中国首家RPA领域专业厂商，同时也是中国人工智能产业发展联盟会员之一，服务客户涵盖金融、通信运营商、政务、制造业、教育、服务业等众多领域。机器人流程自动化是艺赛旗公司的主要战略及技术方向之一。公司拥有自主知识产权的RPA产品IS-RPA，为操作及业务流程自动化提供解决方案。

IS-RPA由机器人设计器、机器人控制平台、机器人三部分组成。

（1）机器人设计器。拥有便捷的设计方法和友好的界面，用于设计机器人业务流程，提供便捷详细的执行指令并在控制器发布。机器人设计平台内置大量标准化组件，用户可通过拖拽的可视化方式进行机器人运行的零代码开发设计。

（2）机器人控制平台。负责将工作任务分配给每一个机器人，并对机器人的工作过程进行监督、管理和控制，同时记录形成完整日志数据。

（3）机器人。分为前台机器人和后台机器人，可以是实体机器也可以是虚拟化环境，主要部署于执行具体任务的计算机终端，用于执行具体业务流程。组成部分包括UI识别层、脚本控制层、可视化编辑和常用工具。

6.金智维

珠海金智维科技股份有限公司（以下简称"金智维"）成立于2016年，专注于RPA智慧运营和智能运维方向，客户覆盖证券、期货、基金、保险、银行、资管、信托等金融行业。金智维不断深入研究OCR、ASR（Automatic Speech Recognition，语音识别技术）、Knowledge Graph（知识图谱）等AI技术，为RPA产品赋能，围绕RPA核心技术提供各类业务场景的自动化服务，帮助金融行业的企业和机构实现管理转型。

金智维RPA软件机器人（KC-RPA）由控制台、服务器、代理机器人3部分组成。

（1）控制台。在前台制作和控制所有机器人代理的活动。

（2）服务器。用来协调、联通和管理机器人以及控制台。

（3）代理机器人。在目标机器后台执行控制台和服务器的命令。

7.和信融慧

北京和信融慧信息科技有限公司（以下简称"和信"）于2015年7月在北京创立，是国内最早从事企业级RPA（流程自动化机器人）产品研发的科技创新型企业，于2015年12月发布具有自主知识产权的RPA产品。目前，和信已获得多项软件产品著作权、高新技术企业等认证，在银行、保险、能源等多行业积累了丰富的RPA产品设计和工程实施的成功经验。

和信RPA流程自动化平台解决方案的基础架构包括4部分，分别为任意数量的交互终端、机器人执行资源、应用服务器、数据库服务器。

（1）交互终端：用于对流程机器人的运行环境进行配置，同时监控其运行情况。交互终端需安装流程机器人软件及其他必要软件。在配置开发流程机器人的过程中，交互终端能访问目标应用系统，涉及的相关安装软件包括Java访问桥（Java Access Bridge）、SAP脚本（SAP Script - ing）、Adobe Acrobat专业版（Adobe Acrobat Professional），以及用来访问主机设备的终端模拟器（Terminal Emulator）等。

（2）机器人执行资源：机器人从数据库中获取流程的配置信息，通过用户界面与各目标应用程序交互，生成必要的日志供查询。与交互终端相同，执行资源（虚拟机）需能访问目标应用系统。

（3）应用服务器：通常部署在独立的虚拟机上，也可部署多个应用服务器于同一设备以服务不同场景。应用服务器用于对各组件与数据库的连接进行集中管理，以及对工作队列的加密和认证信息进行管理。若应用服务器为流程机器人的实施组件，则需与所有交互客户端和执行资源进行连接。

（4）数据库服务器：采用Microsoft SQL Server或MySQL数据库来保存和处理机器人流程自动化平台的流程、业务对象、认证信息、审计结果，以及运行时资源所生成的日志。

财务共享服务是业务流程优化、财务转型的第一步，为财务机器人的应用提供了良好的环境和运行基础。财务机器人是企业顺应数字化变革的有效工具和手段，帮助企业优化财务人员结构、提升工作效率和质量、加速数字化转型。

第二节　财务机器人适用的流程

财务共享服务中心常见的流程包括员工费用报销、采购到付款、订单至收款、固定资产核算、存货到成本、总账到报表、资金结算等。

一、费用报销

费用报销是财务共享服务中心最为普遍的工作流程，也是财务机器人使用最广泛的流程。

（一）智能提单

结合 OCR 技术，财务机器人对各类发票和单据自动识别、分类汇总并分发传递，同时根据报销规则自动生成报销单，且支持多渠道采集发票信息。

（二）智能审核

设定费用报销审核规则，将其内嵌至费用报销系统，财务机器人自动按照设定的逻辑执行审核操作，如校验发票真伪、检查发票是否重复报销、预算控制、审查报销单等，并记录合规检查结果。对于合规的申请，自动生成审批意见；对于有问题的申请，驳回申请并邮件通知申请人，由财务人员与申请人进行沟通答疑。

（三）自动付款

报销单通过审核后自动生成付款单，付款单进入待付款中心后，财务机器人依据付款计划执行付款操作。

（四）自动账务处理

依据记账规则自动生成凭证，自动提交凭证、过账，并生成账务报告。

（五）费用分析

财务机器人自动进行数据整理分析，对异常情况进行警示，自动生成邮件并汇报至管理层。

二、采购到付款

（一）请款单处理

通过 OCR 扫描请款单并识别相关信息，然后由财务机器人将请款单信息录入 ERP 系统，并对订单信息、发票信息、入库单信息进行匹配校验。

（二）发票查验与认证

基于明确的规则执行发票、订单、收货单匹配并确认收货后，收到供应商开具的发票，然后由财务机器人自动进行发票查验与认证并将结果自动上传至系统，无须人工逐一验证。对于验证不合规的发票，邮件反馈至财务人员进行人工复检。

（三）采购付款

财务机器人自动完成审核、数据录入和付款准备，提取付款申请系统的付款信息（付款账号、户名等），自动登录网银等资金付款系统执行付款授权等操作。

（四）账务处理及报告

财务机器人将应付模块的凭证信息导入总账，进行账务处理，如对应付和预付进行重分类等，生成财务报告并邮件通知财务人员。

（五）供应商对账

人工设置好对账触发时间，财务机器人登录财务模块，查询供应商信息并导出，然后自动向供应商发送邮件，完成对账提醒，并自动完成订单状态查询、发货状态查询。

（六）供应商主数据维护

财务机器人将供应商提供的资料信息上传至系统，比如获取营业执照影像并识别指定位置上的字段信息，填写信息到供应商主数据管理系统，并上传相关附件等。

（六）供应商管理

财务机器人自动、定期从外部第三方信息渠道获取与供应商关联的资料、信息、新闻等，与企业系统内供应商信息进行交叉比对，识别存在高风险或利益冲突的供应商，按照设定的风险评估模型审核供应商资质并将评估结果以邮件形式发送给指定人员，实现全供应商实时监测，同时识别高风险、不合规供应商，提高监控效率、降低围标风险。

三、订单到收款

订单到收款流程的规则明确、自动化程度较高，其中适用于财务机器人的具体子流程如下。

（一）销售订单录入和变更

财务机器人对电子订单或数字化的纸质订单进行识别和录入，对有变更需求的订单进行变更。

（二）发票开具

财务机器人根据订单信息，抓取申请开票数据并进行开票，发票开具后将开票信息以邮件形式传至相关业务人员，通知其寄送发票。

（三）返利管理

应收账款会计定期从客户管理团队获取返利申请表格，扫描支持性文件至内部系统，然后由财务机器人搜索文件并登录返利管理系统，将返利申请表中的内容录入系统并生成申请号码，最后由财务机器人更新申报处理状态并根据返利订单发送相关信息至审批人邮箱进行审批。

（四）收款到账

财务机器人登录网银系统并获取银行流水，快速精准处理数据后，将符合入账条件的数据自动录入系统，提高了收款效率，缩短了人工收账等待时间。

（五）订单发货

财务机器人按顺序循环检查收款金额是否满足订单下放要求并释放有效订单，或根据客户邮件按附件需求判断是否释放订单。

（六）客户对账

财务机器人定时登录网银系统，自动下载银行流水，并在 Excel 中整合导出的数据。具体对账的流程是根据企业的收付款逻辑，从客户名称、收付款时间、累计金额等多个维度自动匹配，向存在对账差异的客户发送对账邮件，并自动处理对账无误的账务。

（七）收款核销

财务机器人从银行获取数据，自动认领来款，并同步至账务系统进行收款核销。

（八）客户信用审核

财务机器人定期进行客户信用信息的查询，并将相关数据提供给授信模块，用于评估和控制客户信用。

（九）客户主数据维护

财务机器人自动更新主数据变更信息并发布变更通知。

四、固定资产管理

固定资产管理是对资产采购、资产折旧、资产处置以及资产盘点的整个过程的业务处理。其中，资产卡片管理、资产价值变动管理、资产分析、智能预警等流程可由财务机器人处理。具体子流程如下。

（一）资产卡片管理

财务机器人自动、批量地对资产卡片进行信息录入与分发投递等。资产卡片信息的录入需要利用OCR技术对固定资产实物照片、资产采购合同、付款单等文件进行批量识别并转化为结构化数据。通过设置影像扫描端口与资产管理系统的连接规则，财务机器人可将指定文件自动分发并投递至资产管理岗位。然后根据需要灵活制定或修改投递规则，获取所需要的信息，这样可以加强对文件的控制与管理，同时保证固定资产管理中原始信息的自动录入与精准匹配。

（二）资产价值变动管理

财务机器人针对资产实物进行全程跟踪，记录、计量资产的价值变化。财务机器人与固定资产盘点时所使用的外部扫码终端对接，获取资产实物信息，然后对业务部门出具的盘点报告及机器人获取的数据进行比对，从而确认盘点报告的真实性。对于资产价值变动申请，财务机器人自动从系统中获取资产的使用情况，并通过大数据技术以及智能算法对信息进行分析与计算，从而判断其是否应该减值或者折旧变动，并自动计算出与决策适合的减值金额以及折旧方法，保证固定资产后期的精确管理。

（三）资产分析

财务机器人记录资产的使用情况、账龄情况和折旧费用的分配情况。财务机器人可实时获取与分析所有资产的损耗、闲置、维修等数据，全面维护资产信息。财务机器人可分析不同类型资产的使用情况、不同地区或部门的资产利用效率、不同供应商提供的资产使用效果等，给出实时资产分析报告，将其传递给相应的信息使用者与企业决策层，从而提高资产使用效率、资产采购预算编制速度以及部门资产需求预测的准确度。

（四）智能预警

当固定资产调动或处置资产发生变化时，财务机器人可以收集资产调动或处置的基本资料，如调动申请、调动审批文件等，自动筛选资产的调动或处置信息，并更新资产实物上的识别码，同步更新各个系统内的资产信息。财务机器人对各个系统之间相同信息点设定相同的规则与勾稽关系，由此实现各个系统之间信息的统一。当各个系统间同一资产信息出现差异时，财务机器人会实时警告提示。

五、存货到成本

在存货到成本流程中，成本指标录入、成本费用分摊和账务处理报告等工作具备自动化条件。具体子流程如下。

（一）成本指标录入

财务机器人录入存货成本指标并出具统计分析表。

（二）成本费用分摊

在期末，财务机器人按脚本分步或并行执行相关成本和费用的分摊循环。

（三）账务处理及报告

财务机器人自动记账，实现物料在不同的核算范围按不同的计价方法核算，支持不同维度下的个别计价方法核算，并且支持存货成本按费用项目分项核算及成本结转，提供精确的成本分析数据，自动出具相关报告。

六、总账到报表

总账到报表流程中关账、标准记账分录处理、关联交易处理、对账、财务报表的出具等工作可借助财务机器人完成。具体子流程如下。

（一）关账

在期末，财务机器人自动进行各项关账工作，例如现金盘点、银行对账、销售收入确认、应收账款对账、关联方对账、应付款项对账、存货的确认和暂估等。如发现异常，发送预警报告给相关负责人；如对账无误，则自动进行账务处理。

（二）标准记账分录处理

财务机器人周期性地对账务进行记录和结转。

（三）关联交易处理

财务机器人根据相关子公司的交易信息，实现自动关联交易处理。

（四）对账

财务机器人每日自动完成对账和调节表打印工作，全程无须人工干预。

（五）出具单体报表

财务机器人自行完成数据汇总、合并抵销、邮件催收、系统数据导出及处理等工作，自动出具模板化的单体报表。

（六）出具合并报表

财务机器人从系统中导出数据并根据规则完成汇率数据和当月境内外合并数据的处理和计算，计算期末余额并对结果进行检查。然后，财务机器人实时监控收件箱，收集各子公司报送的月报文件并发出催收提醒，再对子公司报送数据进行汇总，并根据抵销规则生成合并抵销分录。最后，财务机器人根据生成的数据，形成当月合并报表。

七、资金管理

资金管理为日常性和高重复性的工作，可利用财务机器人减少人工工作量。在资产管理中，适合财务机器人应用的子流程如下。

（一）银企对账

财务机器人取得银行流水、企业财务数据，并进行银行账和财务账的核对，自动出具银行余额调节表。

（二）现金管理

财务机器人根据设定的现金上划线自动执行现金归集、现金计划信息的采集与处理等。通过智能算法，财务机器人按照预设的规则，根据支付方式、支付策略、支付金额等，计算最优化组合，自动完成资金计划。资金计划结果可直接使用或供用户参考。同时，财务机器人动态监控资金收支，帮助企业实时掌控资金状况。

（三）收付款处理

财务机器人根据订单信息和供应商信息，自动完成收款与付款。

（四）银行回单管理

资金支付指令发出后，财务机器人自动登录网银系统获取银行回单，同时登录影像系统，通过关键字找到唯一匹配信息自动进行挂接，并将结果以邮件方式通知财务人员。

八、税务管理

税务管理是目前财务机器人运用较为成熟的领域，包括自动纳税申报、涉税信息校验、增值税发票验真等子流程。

（一）增值税发票开具

基于现有待开票数据，财务机器人操作专用开票软件自动开具增值税普通发票和增值税专用发票，在提高开票效率的同时可避免人为录入错误情况发生。

（二）发票验真

财务机器人利用 OCR 技术对票据进行批量扫描，将其转化为电子数据，然后通过国家税务总局增值税发票查验平台进行统一查询、验证、反馈和记录。同时，财务机器人可以与企业管理系统连接，完成三单匹配和自动过账等。

（三）进销项差额提醒

财务机器人定期从核算系统、开票系统、进项税票管理系统等数据源生成提醒表格，并发送给业务人员。

（四）税务分录编制与录入

财务机器人根据纳税、缴税信息完成系统内税务分类的编制，计算递延所得税并完成分录的编制与录入，计算资产或负债，完成系统内的入账，并邮件提醒相关责任人。

（五）纳税申报准备

在期末，财务机器人自动登录账务系统，按照税务主体批量导出财务数据，增值税认证数据等税务申报相关的业务数据。

（六）税务数据获取及维护

财务机器人自动获取事先维护好的企业基础信息，便于日后生成纳税申报表底稿。

（七）涉税数据核对校验

对于需要调整的税务差异、会计差异、进项税数据差异、固定资产进项税抵扣差异、预缴税金等，财务机器人通过设定好的规则自动调整；借助预置的校验公式进行报表的校验，如财务科目与税务科目的数字校验等；将处理好的数据整理成文件夹，由税务人员进行审查。

（八）纳税申报

对于审查无误的数据，财务机器人根据特定逻辑出工作底稿自动生成申报表，在税局端自动导入纳税申报表并将相应信息保存在本地。

九、档案管理

借助OCR工具，企业相关档案可实现数字化，这给机器人的使用创造了条件。

（一）扫描

财务机器人利用OCR技术，对纸质档案进行扫描，抓取关键信息，将纸质文件快速数字化。财务机器人接收到OCR抓取的数据后，对数据进行审核、分类与存储，使电子档案库做到流程标准、内容标准、文档标准、查询标准、管理标准。

（二）电子归档

财务机器人按需对电子文件进行分类和汇总，实现电子档案数据库的建立。财务机器人每月仅需数十小时的时间即可完成公司上万个文件的自动归档，无须人工干预。

（三）电子档案查询

在审批过程中，财务机器人将每份电子档案中相应的跟踪记录文档保存下来。在查询时，查询人员只需填写查询申请表并发送给相关审批人员即可。财务机器人可 7×24 小时接收审批通过的查询申请表，按需完成档案查找，并将查询到的档案信息作为附件回复给指定人员。

十、预算管理

预算管理在某种程度上较依赖人为判断，但财务机器人仍可借助预先设置的模型，为预算决策者提供参考。

（一）预算编制

预算管理人员预置企业预算业务模型，财务机器人按年统筹预算、按季度滚动预算、按月调整预算，并自动分解期间费用、项目费用。

（二）预算执行情况监测

在预算执行过程中，财务机器人实时监测预算的占用情况，并对预算使用情况进行定时和不定时的检查审计。

（三）预算报告创建

财务机器人使用历史和市场数据生成预算报告，并创建预算与实际的差异报告。

十一、绩效管理

在绩效管理流程中，财务机器人适用的具体子流程如下。

（一）产品效益分析

根据采购原材料的价格和出售成品的价格，财务机器人自动分析产品的投入产出比。

（二）客户收益分析

财务机器人根据客户信息分析客户特征，评估客户价值，从而为客户制定相应的营销策略并提供资源配置计划参考。

（三）客户满意度分析

企业收到客户的反馈邮件后，财务机器人运用认知技能执行客户满意度分析并对客户的电子邮件进行识别和分类，同时将"不满意客户"的电子邮件分别反馈至业务部门和客户服务中心进行处理。

（四）资本收益分析

针对某项支出目标的实现方案，财务机器人计算出该方案的成本和收益，为执行者对该项目的评估提供参考。

财务机器人与不同的系统进行交互，自动从内网、外网获取相关数据，然后根据业务规则整合和处理数据，并以邮件形式发送生成的报表或报告等至相关人员。

十二、风险管控与合规管理

财务机器人有助于企业加强风险管控与合规管理，具体适用的子流程如下。

（一）审计证据自动化、持续采集

财务机器人可根据既定规则，不受时间、地点、IT基础架构限制，不间断地从系统中获取如信贷合同、授信审批文件等审计证据，同时可通过OCR技术快速读取证据信息。

（二）审计文档审阅

财务机器人可对非结构化审计数据（如信贷合同、手工单据）与结构化审计数据（如业务报表）进行智能化勾稽比对并形成初步审计结果。

（三）出具管控合规报告

财务机器人支持自动化的数据采集、整理和分析，依照既定的排版格式生成管控合规报告。底稿数据发生变动时，财务机器人还能自动完成数据更新。此外，通过数据分析和仪表盘技术，财务机器人能够基于审计中的关键数据生成可视化报告（如针对集团内公司的审计结果评价），以供管理层更直观地审视审计结果。

（四）审计缺陷管理

财务机器人通过多样化、可定制的日志工具，对审计资料获取情况和审计底稿填写情况进行记录；根据预设逻辑对数据进行清理和分析，快速识别异常数据和交易；针对识别的异常数据自动完成持续抽样和测试，将监控结果以邮件等形式通知审计经理。

（五）财务主数据管理

财务机器人对财务主数据进行整合，自动进行数据的清洗和丰富，然后将主数据分发给企业内需要使用这些数据的操作型应用和分析型应用，并对分发范围和权限做出严格控制。

第三节　财务机器人实施方法

财务机器人的本质是应用程序，因此机器人的实施与企业其他信息系统的实施有相似之处。本节将具体描述财务机器人实施的4个过程——策略与评估、设计与构建、实施与应用、运营与优化，并介绍RPA卓越中心，总结财务机器人成功实施的关键因素。

由于不同企业的规模、业务流程复杂度、财务信息化程度、人员统筹配合度等有所不同，因此每个企业在财务机器人的具体实施步骤上会有细微差别。企业可参考本节内容，并结合自身业务流程运营现状，确定适合自身的实施步骤。

一、策略与评估

企业部署财务机器人的目的是什么？什么样的业务最需要财务机器人？如何选择合适的供应商？流程自动化的投资回报怎样确定？技术创造的价值应当与整个组织的业务战略和驱动因素保持一致，因此企业在设计与部署财务机器人之前，需要立足全局，站在战略层面分析，为企业流程自动化做好充分准备。

财务机器人实施的第一步是确定财务机器人的实施策略，并对整体实施方案进行评估，这决定了财务机器人的实施能否成功。这个阶段需要完成的工作包括：明确RPA的实施目标；梳理需求，评估业务流程；确定供应商评估标准；识别关键角色，组建RPA团队；明确RPA的方案适配性，利用投入产出法评估项目实施效益。

财务机器人实施的战略定位应与企业的发展目标和期望保持一致，在展望未来的同时准确评估企业当下所处的状态以及所拥有的资源，制定明确且可衡量的实施战略，这对于后续的财务机器人的设计及应用有着重要意义。

（一）明确财务机器人的实施目标

企业传统的财务流程主要依赖人工作业，财务信息化也多依赖于第三方企业提供的财务信息系统。手工密集型的基础财务工作高度重复，需要耗费大量人力和时间，效率低且出错率高。不同信息系统之间没有接口，数据多点同步困难，跨系统、跨岗位的数据传输存在较高错误率和沟通成本，大量未电子化、非结构化数据的汇总、统计和分析也使得财务数据处理滞后。此外，时间与人力的限制让合规与审计等工作只能通过抽样的方式进行，给业务合规带来了一定风险。

RPA采用外挂模式部署，适用于多个异构系统，开发快，成本低，能够帮助企业快速解决现有的财务流程痛点，提供虚拟生产力。

企业在确定部署财务机器人之初，应将财务机器人的功能与本企业业务流程相结合，从而明确财务机器人的实施目标。目标是可以影响不同利益相关者的战略举措，因此，在确定目标时，加强组织工作、有效应对潜在阻力非常重要。

2018年对中国企业的数字化进程进行了调查，78%的企业已经启用RPA，以应对快速变革的商业环境、驱动企业数字化转型。《财富》中国500强企业RPA目标调研结果表明，多数企业选择实施RPA是为了优化资源配置、降低成本、提升合规性、解放员工生产力。

明确财务机器人的实施目标和愿景，如RPA要为企业带来哪些效益、解决何种流程痛点、涉及哪些利益相关者，是企业RPA成功之路的第一步，更是企业在自动化战役中获胜的关键。

（二）充分发掘流程自动化场景

企业应评估和梳理业务流程，充分发掘和识别 RPA 应用场景，明确 RPA 方案的适配性，寻找流程数字化的痛点和机会点。应用 RPA 最多的业务流程依次为账务处理、发票认证、发票查验、银行对账、费用审核和发票开具等。

RPA 业务流程的选择应以企业的目标需求为导向，对财务流程进行梳理，评估各流程的 RPA 方案适配性，进而选择适合实施财务机器人的业务流程。RPA 业务流程评估需要先定义评估标准，并根据相应标准对流程进行评估。评估标准的设置应兼顾 RPA 的实施价值和实施难度，同时结合企业财务流程的特性综合考量。常见的 7 个评估标准如下。

1.体量和规模要求

财务机器人适合处理企业体量和规模较大的业务，实现规模效应，促进人力资源的释放。

2.劳动密度和劳动重复性

流程中需要人工处理的部分占比越大，就意味着劳动重复性越高、差错率越高，也意味着财务机器人施展的机会越大。

3.企业信息系统数字化程度

财务机器人并非严格意义上的人工智能，机器人对单据文件的处理需建立在文件已经数字化、企业流程已经信息化的基础上。因此，数字化、信息化程度越高的企业越适合部署财务机器人。

4.流程是否贯通异构系统

在异构系统对接存在困难的情况下，企业可考虑使用财务机器人，这样不会改变企业原有的信息系统架构。

5.风险和用户体验协同

与流程相关的风险级别越高，越需要人为控制，财务机器人就越不适用。如果人工参与是提高用户体验的必要条件，那么财务机器人不适用。

6.战略重要性

战略重要性较低的流程通常事务特征较明显，也往往适合自动化。流程的战略重要性越高，意味着该流程越依赖人为判断，如企业远景规划、战略制定和外部关系管理等，这类业务并不适合财务机器人。

7.短期系统升级的可能性

短期内要升级系统或更换底层和支持系统计划的企业不适合部署财务机器人。

（三）供应商评估与选择

首次实施RPA项目的企业，面临的首要挑战是缺乏RPA资源、RPA技术和RPA人才，缺少项目管理、流程管理及变革管理的技能，这就需要与第三方供应商合作。德勤2017年全球RPA线上调研显示，在全球接受调研的400多家企业中，大多数企业（63%）表示实施RPA时会与第三方合作，由第三方提供企业内部缺乏的技能，包括提供成套解决方案、培训内部团队以及建立内部RPA交付团队等，只有15%的受访企业不计划采用任何外部支持。

当前市场上RPA商业产品多样，面向桌面自动化、流程自动化的软件工具可以分为消费级和企业级两大类。得益于人工智能技术的成熟，众多IT厂商涌入RPA行业，国外RPA巨头也纷纷进入中国市场。传统的RPA产品主要依靠AI集成，如今新兴的RPA厂商则普遍拥有强大的人工智能背景，具备自研AI能力，能让流程自动化更好地串联公司原有业务，提供更加多元化、个性化的RPA产品。表6-3列出了一些面向企业的RPA供应商。

表6-3　面向企业的RPA供应商

国内RPA厂商	艺赛旗、和信融慧、弘玑Cyclone、来也、云扩科技、达观数据、阿博茨科技、阿里云、金智维、英诺森等
国外RPA厂商	UiPath、Automation Anywhere、Blue Prism、WorkFusion、EdgeVerve、NICE、Pegasystems、Another Monday等

2019年，Gartner发布了《2019年机器人流程自动化魔力象限研究报告》，这是全球RPA行业首份魔力象限报告，标志着RPA行业历经20余年发展已初具规模并进入市场高增长期。Gartner对RPA供应商的评估主要基于两个标准：执行能力和企业战略。企业战略的评估要考虑市场份额、销售战略、产品战略、商业模式、垂直行业战略和科技创新等要素，

执行能力的评估要考虑产品和服务、总体可行性、销售执行和定价、市场响应、营销执行、客户体验和运营。

根据执行能力和企业战略的评估结果，将 RPA 行业分为 4 个象限，分别是观望者（企业战略与执行能力较低）、探索者（企业战略较强但执行能力较弱）、挑战者（执行能力较强但企业战略较弱）以及领导者（企业战略与执行力皆较强）。从魔力象限中 18 家 RPA 企业所处的位置，我们能够看出其企业战略和执行能力的基本情况，其中处于领导者象限的企业有 UiPath、Automation Anywhere 和 Blue Prism。

RPA 采用外挂模式部署，不需要改造企业现有的信息系统架构，但不同供应商提供的 RPA 平台往往无法兼容，平台迁移有难度，因此企业在进行软件选型时要考虑很多因素，综合分析评估。除了综合考虑各厂商的公司规模、产品功能与需求的契合度、用户友好度、系统集成性、开发周期以及收费模式等因素外，实施方的 RPA 实施经验和后期维护运营也要考虑进来。

针对 RPA 供应商的评估，我们可以结合企业自身的业务需求和经费预算，从产品与技术、成本与效率、交付与服务、安全与保密 4 个维度展开，选择最契合企业 RPA 战略的供应商。

1.产品与技术

产品与技术是评估 RPA 供应商的首要考虑因素。RPA 的使用者往往不具备丰富的计算机知识，因此优秀的 RPA 产品应当具有简洁直观的流程操作界面。平台独立性与可扩展性能够让 RPA 的部署和升级维护更灵活，实现跨平台应用。此外，RPA 供应商是否拥有人工智能背景、是否能够提供配套的硬件设施以及是否能处理非结构化数据，是在技术层面需考虑的重要因素。

2.成本与效率

降低成本是企业应用 RPA 的主要目标之一，因此企业在部署 RPA 之前需要关注 RPA 实施的成本与效率，进行投资回报分析。RPA 的实施成本包括技术服务费用、版本升级费用、人员培训费用和后期维护费用。企业还应了解不同 RPA 供应商的实施周期和对企业个性化需求的响应速度，根据自身的战略规划选择合适的 RPA 供应商。

3.交付与服务

随着人工智能的发展，RPA已应用于金融、物流、保险等多个行业。企业在对RPA供应商评估时应充分了解供应商是否有相关行业的丰富实施经验以及其提供的交付与服务是否满足企业战略需要、是否提供配套的运行维护、产品升级和人员培训服务。RPA供应商应当具备卓越的自动化创新能力和产能扩大能力，同时拥有良好的售前与售后信用。

4.安全与保密

RPA在运行过程中会对企业经营管理的信息和数据进行处理和传输，因此RPA产品应当具有良好的安全与保密性，便于信息的监控与分析、存储与传输以及数据的转换，同时应拥有完善的自我检查机制和任务追溯机制，能够及时检测环境异常并进行预警，保障企业的信息安全。

5.组建财务机器人实施团队

RPA作为数字化劳动力，可以应用于任何规范化流程中。它为企业带来的效益应从企业整体层面来衡量，而非财务部门本身。因此，RPA的实施应得到企业管理层的认可与支持，由财务部门牵头并主导，IT部门积极参与并配合实施，基层员工也应参与其中，在了解RPA优势的同时积极应对RPA给自身工作带来的挑战。

在确定机器人实施的策略与适用业务流程，并且完成选型后，企业应组建RPA的实施团队，由RPA团队来推行和管理机器人流程自动化。RPA实施团队由企业的内部团队和RPA供应商的外部团队共同组成。内部团队包括RPA发起者、RPA项目经理、RPA决策者、自动化管理员以及RPA使用者，外部团队包括RPA实施架构师、自动化设计师、IT自动化经理、RPA服务支持等专业技术人员。流程开发人员和业务分析师可以由企业内部的专业人员担任，也可以聘请咨询顾问。RPA实施过程中的人员配置如下。

（1）RPA发起者。流程自动化的需求提出方，通常由业务部门发起，洞悉业务痛点，希望通过RPA再造业务流程并愿意提供自动化所需的资源。

（2）RPA项目经理。RPA项目团队的负责人、数字化劳动力建设的总指挥，能够协调项目实施过程中涉及的利益相关者，在整个组织中以最有效的方式部署 RPA。

（3）RPA 决策者。企业采用 RPA 的决策者，数字化劳动力绩效的监督者，需要具有很强的商业头脑和技术头脑，执行代码评审，定期与组织中的专家召开会议，将专家们遇到的困难进行优先级排序。

（4）自动化管理员。RPA 数字化劳动力的 HR，与业务部门合作管理和运营企业的 RPA 平台，管理 RPA 应用程序的访问权限，安排 RPA 的工作量，协调自动化资源，提高 RPA 的使用效率。

（5）RPA 使用者。利用 RPA 完成部分业务流程的企业员工。

（6）流程开发人员。业务专家，需要了解企业业务流程的核心操作，负责梳理自动化业务的定义、流程和需求，配置可重复且可伸缩的业务流程。

（7）业务分析师。根据他们在承接某项具体业务需求方面的丰富经验，结合对所选工具功能的基本认识，确定潜在自动化流程的优先级；与 IT 经理和业务部门合作，协助创建相关文档；提供企业内部培训，确保 RPA 实施工作的正常进行。

（8）RPA 实施架构师。规划 RPA 的架构建设，设定业务边界，设置服务器和虚拟机，准确捕捉企业数字化劳动力需求，将底层 RPA 通用模型转换为适合企业的流程，提供端到端建设的支持。

（9）自动化设计师。负责构建和设计可重复使用的模块化组件，以形成 RPA 实施框架，从而创建弹性、可扩展、可重用的 RPA 机器人，加快交付周期，减少维护成本。

（10）应用开发专家。与供应商合作，开发 RPA 工作流程，更新和管理 RPA 应用程序；确保将自动化工具正确运用到应用程序中；管理所有信息技术基础结构库的构建和更新。

（11）IT 自动化经理。从技术角度管理整体 RPA 工作，需要同时具备 RPA 开发经验和项目管理技能，管理 RPA 技术资源，制定 RPA 部署标准，执行 PoC 测试，推动任务完成。

（12）RPA 服务支持。响应客户需求，解决客户使用 RPA 过程中出现的问题以满足定制需求，组织客户企业的人员培训，确保 RPA 部署后的稳定运行。

其中，RPA决策者、RPA项目经理和自动化管理员是企业内部团队中的关键角色，对企业财务机器人的实施起决定性作用，同时也是未来企业RPA中心的重要角色。

（五）评估财务机器人的投入产出

尽管财务机器人的实施可以为企业带来诸多好处，但财务机器人实施所需初始投资大且技术难度高，因此必须进行投入产出分析。

1.财务机器人的实施成本

企业实施财务机器人的投入可按前期评估、中期开发上线、后期运营维护3个阶段分析。每个阶段的成本包括资金成本、人力成本和组织管理成本。充裕的资金支持对于项目顺利实施至关重要，财务机器人的实施涉及业务流程的升级和优化、应用软件的配置和开发以及上线后的运营和维护，预算项目较多，因此，在项目实施之前，企业应尽可能准确详细地预估各项费用支出，为项目的顺利实施提供充足的资金支持。

当前，市场上的财务机器人有购买和租赁两种部署方式，费用按机器人数量计算，因此根据业务流程的投资回报率等选择部署方式对于企业降本增效尤为重要。预算不充足、业务流程个性化程度低的企业可考虑租赁的部署形式。

就单财务机器人（指对一个特定流程进行的自动化）而言，其直接成本包括三部分：人工、软件和硬件。财务机器人实施的经费预算主要发生在开发与应用、运营与优化两个阶段，需要考虑的费用项目如表6-4所示。

表6-4　财务机器人实施的经费预算项目

实施阶段	人工费用	软件费用	硬件费用
开发与应用	开发、测试和上线	开发软件、准备测试环境和测试数据	开发和测试需要的硬件配置
运营与优化	产品维护	运营软件、维护软件	服务器或虚拟机的购买和租赁

企业在评估财务机器人实施经费时，需要确定4个关键信息。

（1）流程复杂度。业务流程的复杂程度和财务机器人的实施成本呈正相关。复杂的业务流程意味着RPA项目需要更长的开发测试周期，随之带来更高的开发测试成本和软件维护成本。

（2）项目周期。财务机器人实施的项目周期与项目类型和开发模式有关。通常情况下，试点项目（一般指 3 个流程以内的项目），需要 1~2 个月完成；涉及管理或流程变革的项目，一般需要 6~8 个月；覆盖从流程梳理到规模化应用的全周期类型的项目持续时间会更长。在遵循系统顶层设计约束的前提下，项目落地可以分期分批实现，企业可根据自身自动化战略规划合理安排。

（3）预计使用寿命。财务机器人的使用寿命决定着计算投资回报率（ROI）的时间参数。信息技术的发展会加快机器人的迭代速度，根据企业所处行业的商业环境变化情况，计算投资回报时一般选择 1~2 年为时间跨度。而实际上，机器人使用的时间会更长一些，后续迭代升级的成本也远小于初次引入的开发成本。

（4）业务流程所需人工。对于项目实施初期实现业务流程所需财务机器人数量，即无人值守机器人软件许可证和虚拟机的数量，企业可参考该业务流程原本需要的财务人员数量。通过测算流程的单位操作工时和预测业务的作业量，来计算相关业务流程的总工时；在财务机器人不间断工作的前提下，使用动态调度等方案对财务机器人进行合理调配，同时考虑维护和调试所需的缓冲过渡时间。

2.财务机器人的实施收益

分析财务机器人的成本及收益时，我们可先从一类业务中选择一个流程，并确定手动执行该工作需要多长时间，然后用处理该过程的人数乘以平均每人处理该流程需要的时间，再乘以部门的平均小时报酬，即可粗略估计执行该任务的人力成本。例如某一流程任务每年需要 20 个人力（按 FTE 全时当量计算），每人每天工作 8 小时、每天薪资是 300 元，共需要 130 个工作日完成，那么这项工作总费用为 78 万元。如果对这一流程实行自动化，估计至少可省省人力成本 70 多万元，同时这 20 个人每年共可节省约 20800 小时，可专注于更有价值的工作。

对于 RPA 带来的效益，我们应从多维度进行评估，而不仅仅局限于成本和效益。业务流程的成本缩减，通常是通过自然减员、冻结招聘和让员工承担更高价值的工作来实现。RPA 最明显的效益在于削减基于明确规则的业务流程的员工数量，这也往往是驱动业务增长的方案。企业从试点实施RPA中获得了更多创造效益的途径，即收入和生产效率效益可能超越成本效益。

除了不间断工作和成本缩减外，RPA带来的效益还包括提高合规性、流程规范性、管理水平等。

二、设计与构建

在财务机器人实施的策略与评估阶段，企业已明确实施目标，匹配了适合的供应商和实施团队，并结合RPA的功能特点和局限性，筛选出能够应用财务机器人实现流程自动化的场景，同时对实施方案进行了评估，选择实施效益较高的流程作为试点。接下来，企业需对已筛选出的流程进行财务机器人的设计与构建，完成基于RPA的流程再造，并明确所需配置资源。

此阶段需要完成的工作包括：围绕可实施财务机器人的业务，确定其所包含流程的实施优先级和任务需求，明确任务需求和业务流程各个节点的逻辑衔接关系，判断现有业务流程如何运用RPA实现替代。目前，市场上的RPA基础功能有数据检索与记录、图像识别与处理、平台上传与下载、数据加工与分析、信息监控与产出等，企业可基于此确定财务机器人的流程逻辑以及基于RPA的新业务流程，确定RPA的软件配置与开发量，建立完善的文档管理机制。

财务机器人的设计与构建过程为后期实施应用建立了方案蓝图，合理地规划了实施路径、重塑了流程场景、做好了前期准备，这对于财务机器人的顺利上线及后续扩展至关重要。

（一）确定实施优先级和任务需求

在策略与评估阶段，我们已经对流程自动化的场景进行了充分挖掘，并对方案的投入产出进行了评估与分析。企业需进一步对业务流程实施优先级排序，明确任务需求。

初次实施财务机器人的企业，应优先选择对业务贡献价值最大、自动化潜力最大、实施性价比最高的业务场景实现标准流程自动化，从而让RPA机器人尽快发挥出其降低成本、提高效率的优势，以便得到企业领导和员工的认可，减少推广和实施的阻力。财务机器人的适用优先级可通过业务评估确定。企业可先列举业务场景，再从机器人的适用效果、导入可行性两方面设定相关指标，并对各业务流程加权计分，最终评定实施的优先级。

1.适用效果

此类指标旨在评估财务机器人在各业务领域的实施意义和价值。RPA适用于量大易错、含多个异构系统、含大量结构化数据等的业务流程。因此，我们可从业务量、重复性、手工操作复杂度、操作耗时、系统功能、数据源等角度出发，衡量财务机器人能否显著提升业务流程效率，并优先在实施效果更突出的流程部署机器人。

2.导入可行性

此类指标旨在衡量财务机器人在各业务流程的实施难易度和投入成本。在目前的发展阶段，财务机器人的部署需基于明确的规则、标准化的操作、结构化和数字化的数据信息进行识别处理。因此，企业可从流程是否标准、业务规则是否明确、数据是否结构化、人员操作是否规范、应用系统是否稳定等方面判断财务机器人是否易于部署，从而筛选出可行性较强的应用场景。

在确定优先实施的业务流程之后，企业应联合业务流程专家对该业务流程进行充分梳理，并进行流程审核和优化，明确项目需求，生成详细的需求说明书和项目交付规划。

3.详细流程梳理

对优先实施RPA的业务流程进行详细的端到端操作流程梳理、明确详尽的操作规则，便于定位可自动化操作场景，使财务机器人满足操作规则要求。

4.人工操作识别

识别现有流程中的人工操作，以及操作中所使用的具体表单和数据格式，以便进一步围绕人工操作痛点和操作规范提出需求。

5.流程优化

整理出实施RPA后的业务操作场景，以便进一步明确具体的技术需求，进行相应的流程优化。

6.项目需求明确

根据对流程的梳理和场景分析，对财务机器人项目实施的需求进行详细描述，包括需求解读，实施前置条件分析，待解决的痛点描述，系统内外处理逻辑分析、耗时、附件说明等，并对项目的交付过程进行规划。

（二）确定基于RPA的新业务流程

筛选出优先实施的业务流程后，需对其进行流程替代逻辑分析和优化再造，确定基于RPA的新业务流程。

1.梳理原流程

对优先实施财务机器人的流程进行端到端流程梳理，合并同质化流程，并绘制流程图。

2.引入财务机器人

围绕流程现状，分析各环节的财务机器人应用逻辑，为每个适用场景提供财务机器人解决方案，并对新场景进行详细规划。

3.连接新流程

企业在确定了业务流程中每个环节的财务机器人替换逻辑后，需对业务环节连点成线，确定新的基于财务机器人模式的业务流程。财务机器人业务流程无须与人工业务流程环节完全一致，在保证流程完整的基础上，可考虑财务机器人的自身优势，进行环节的合并或拆分。

通过对业务流程细节的逻辑分析及RPA程序替代，可以得到基于RPA的新业务流程。在应用财务机器人的增值税进项发票管理流程中，由财务机器人代替人工进行自动化的发票扫描、发票查验平台登录及信息录入，并在完成发票真伪查验和原始票据影像归档后，于发票选择确认平台完成发票的批量下载、匹配和认证，实现增值税发票管理流程的全场景RPA应用转变。

（三）确定RPA软件配置

确定了基于RPA模式的新业务流程之后，我们需对新流程各环节中的IT系统或应用程序进行相应的软件配置。新流程中并非每个环节均需配置相应的软件系统，通常情况下，多个环节可在同一个IT系统或互联网平台上完成。企业需参考业务分析师的意见，确定RPA流程中涉及的软件应用和系统配置，在此基础上由企业IT部门配合财务部门完成新流程开发工作，或寻求第三方供应商支持。

案例：增值税进项发票管理的RPA流程软件配置。

在增值税进项发票管理的RPA业务流程中，第一步"扫描并识别发票"需要借助OCR技术，在电子影像系统完成；第二至四步为发票查验，需对接税务局系统在发票查验平台完成；第五步记录查验结果，在Excel中完成；第六至十步在发票选择确认平台完成。

此过程中，涉及的软件应用和系统包括电子影像系统、Excel应用软件、发票查验平台和发票选择确认平台。在后续的软件开发过程中，项目团队需要在这些应用与系统之间建立自动化接口，实现机器人流程自动化在异构系统间贯穿。

（四）建立文档管理机制

在财务机器人进入实施与应用阶段之前，企业应建立完善的文档管理机制，考虑企业在实施财务机器人的全过程中需要对哪些信息进行记录与存储，从而在实施财务机器人之初创建相应的实施文档，以保证RPA实施全生命周期文档的完整性，满足企业特定的组织战略和管理需求，同时为未来RPA维护升级、扩大使用范围等提供充足的历史资料。

1.管理文档

描述如何进行组织部署，包括组织中各个角色及其职责，如何确定RPA优先级，以及IT审计和控制等。

2.标准文档

描述RPA实施流程的标准方法，是业务人员/IT/实施顾问工作中所需要的文档。

3.需求文档

被优先考虑实施RPA的流程的列表。

4.优先级矩阵

描述实施RPA流程的优先级。

5.复盘文档

展现RPA实施后预计的成本降低是否实现。

6.IT基础文档

包括如何设置机器人、是否可以复制机器人、如何实现机器人从部署到应用以及培训文档和RPA维护等。

7.机器人管理文档

描述哪个流程归属于哪个机器人以及每个机器人的访问权限。

8.灾备文档

机器人应当是持续运行的，因此需要通过该文档为意外情况制定灾备计划。

文档管理机制的建立，能够促进财务机器人的持续优化与快速推广，确保RPA项目交付后运营团队能够持续高效地对自动化流程运行提供运维支持。

三、实施与应用

对财务机器人的应用流程、所需软件配置、文档管理机制进行设计后，企业已明确RPA实施的路径和方式，可以正式将财务机器人部署在企业各流程中。

实施与应用阶段需要完成的工作包括：围绕流程设计进行财务机器人所需的软件配置与开发；对流程的运行状况进行测试，并根据测试结果进行优化；测试达到标准后，按照实施优先级进行试点运行；在试运行的基础上扩展财务机器人的上线范围，将其延伸至不同业务和场景中，实现规模化应用。

实施与应用是财务机器人从设计到落地的关键环节，因此项目组在测试、试点过程中需不断进行问题反馈与修正优化，以确保实施效益最大化，逐步扩展财务机器人的应用，为企业创造更多的价值。

（一）软件配置与开发

RPA开发人员根据流程设计生成满足各流程需求的RPA流程配置发布包，并根据试点运行结果反馈不断进行功能修正，使财务机器人达到项目要求。

企业可从软件厂商处购置RPA产品，虽然第三方机器人的软件许可证费用较高，但成型的RPA产品具有功能完备、开发工具强大且开发周期较短、维护成本较低等优势。在选择产品时，企业需注意综合考虑产品价格、运维成本及响应度、厂商企业规模、业务量、RPA实施经验、已实施案例成功率和契合度、产品功能是否满足本项目各项需求等。

若企业自身业务需求个性化程度较高，或具备较为强大的自主开发能力，不计划直接从市场上购买RPA产品，也可由IT部门针对企业需求自行开发RPA应用。自主开发RPA应用无须承担软件许可证费用，可针对企业特定需求进行开发，实现和企业业务系统更深层次的集成，但存在功能相对单一、开发周期长和维护成本高的缺点。企业如何开展RPA实施，需要综合评估企业的需求、预算和IT能力，选择最为合适的实施途径。

企业需为软件厂商提供办公场所和各种配套办公设备，给予项目开发人员涉及本项目的各系统、应用程序或共享目录的相关访问权限和RPA开发的环境需求，尽可能提供完善的数据报表和可校验的测试数据，配合软件厂商进行试点运行结果的确认并由业务人员提出反馈，以便开发人员及时优化调整。

（二） 流程测试

流程测试是财务机器人试点应用前的实战演练。对基于RPA的新业务流程协调组织测试，对流程各节点及整个流程的优化和改进，是机器人自动化流程试点应用前的必经阶段。通过流程测试，企业可以发现新流程存在的问题和不足，并提出优化改进措施，为财务机器人的试点上线提供保障。

流程测试阶段，项目人员需要制定完备的流程测试方案，以保证基于RPA的业务流程正常进行。例如，确定流程测试的时间、范围；确定相关部门的测试分工和沟通机制；确定财务机器人实施运行团队的人员组成和分工，安排项目现场人员、后台支援人员、试点人员、业务和系统人员名单；出具测试工作计划等。

1.PoC

PoC（Proof of Concept，概念验证）是企业大范围部署RPA的必经环节，是指针对客户具体应用的验证性测试，旨在以低成本、高效率的方式匹配用户真实的业务场景，验证RPA的技术可行性和应用可行性。

（1）PoC的作用。根据客户对财务机器人提出的需求和标准，在指定的业务场景，通过对编写好的RPA脚本进行测试，以发现其局限性，不断进行调试和优化，确保RPA能够按预期工作，从而向企业证明系统可以实现某些功能，定义企业的RPA运行模型，满足相关业务的基础需求。

PoC发生在企业正式部署RPA之前。企业应充分利用供应商和RPA产品厂商的丰富经验，通过PoC来获得各利益相关者的反馈，并根据自身业务需求或未来发展规划部署RPA，实现降本增效的目标，将财务人员的工作重心转移到精细化管理和财务转型创新。

（2）最常使用的PoC有两种形式：直接对选定产品进行测试或利用测试在多个产品中对比择优。若企业在产品选型阶段已经有所决策，可直接对这款RPA产品进行PoC测试，这样更能节省人力成本和时间成本，有利于更快整理用户需求，缩短实施周期；若企业自身缺乏RPA产品选型的经验和能力，需要RPA实施团队亲自调研。通过业务场景重现、视频采集、语音讲解辅助的方式，对两种以上的RPA产品进行PoC测试，综合对比各方面因素来择优选取。

技术可行性测试通过后，企业还需要进行RPA的应用可行性验证，具体需要考虑三方面因素：异常情况的覆盖、运行时间以及财务信息安全。首先，RPA产品能否覆盖全部异常情况，出现问题时能否及时进行灵活调度。其次，RPA的使用过程是否需要人工参与决策，这决定着RPA是否能真正全天候工作，即企业应选择有人值守机器人还是无人值守机器人。最后，财务信息对企业来说至关重要，部分信息涉及保密，RPA的应用是否存在信息安全隐患，这也需要进行验证。

PoC的目的是在应用阶段更快更好地部署RPA。

（3）实施PoC的技巧。

①挑选适用业务：挑选具有固定规则、大量重复、强逻辑性、低人工参与度的业务流程进行测试，有利于快速看到成果，由点及面进行扩展。

②量化实施影响：选择的业务流程应具有积极的业务影响，且该影响易于量化，可以通过对ROI的计算分析挑选最优流程，从而在广泛应用和部署后为企业创造最大价值。

③重视后期维护：将RPA部署后的可维护性作为重要的测试指标，

产品厂商提供的RPA操作脚本应能够提供模块化组件，适用于多个异构系统，并可以根据组织模式的调整或业务流程的变化进行参数调整，从而快速响应企业的业务需求。

④保证系统安全：慎重考虑RPA产品厂商的安全机制，确保财务机器人实施的系统安全性。

2.问题跟踪解决

财务机器人流程测试过程中，难免出现软件配置、节点对接等方面的问题。项目人员需要在测试过程中对发现的问题进行持续跟踪记录，详细记述问题出现时的硬件和软件情况，以此来优化流程细节，为RPA的规模化应用做好准备。

通过编制流程测试问题跟踪表，可以及时获取流程运行中存在的问题、使用者反馈的意见，并针对意见制定解决方案，持续跟进，直到问题解决。流程测试问题跟踪表通常包括对问题的描述、重要性评估、反馈人员、反馈时间、解决方案、解决方案负责人、预估解决时间等。此外，RPA项目团队可以面向试点运行阶段参与的公司员工发放调查问卷，收集来自RPA使用者的反馈和建议，进一步优化流程。

（三）试点运行

在完成对基于RPA的新的业务流程测试、优化和改进后，财务机器人的实施进入试点运行阶段。通过对RPA适配度最高的业务流程进行试点应用，证明财务机器人战略的可行性。在RPA试点上线阶段，需建立财务机器人运行的SOP（Standard Operating Procedure，标准作业程序）文件。

SOP文件是RPA使用者的工作准则，对操作人员的工作予以说明与规范，以达到业务操作的一致性与标准性。SOP文件是最基本的也是最重要的准则。一份完整且保持最新标准的SOP文件不但能够规范生产流程，而且会影响整个公司的运作。

建立财务机器人运行的SOP文件，有助于提高财务机器人运作的规范化，形成有效的问题解决机制，并为财务机器人的推广实施奠定坚实基础。财务机器人自动化流程试点上线是按财务机器人实施计划展开的，是财务机器人实施项目的落地阶段。SOP文件除了详细记录试点财务机器人各环节的具体运行状况、人员分配等基础操作外，还应包括下列内容。财务机器人试点上线过程中，需要考虑哪些风险。这些风险对财务机器人的整体实施会产生怎样的影响，如何对风险进行预警，从而有效控制和防范风险。财务机器人的试点运行是否达到了预期目标。如果出现未达标的情况，应分析原因并进行调整，防止造成更大的损失。怎样保持并推广财务机器人的优势，是否需要在其他部门或其他流程进行测试。试点运行过程中相关业务人员的反馈。特殊情况的异常处理等。

（四）规模化应用

财务机器人的规模化应用是在试点运行的基础上，实现财务机器人的全场景、全流程、全范围上线。企业应结合实际情况及 RPA 项目的特征，保证财务机器人在内部的使用率，充分发挥财务机器人的价值，实现更多财务场景和流程的自动化，并逐步延伸到其他业务模块。

在这个阶段，企业需要全面定义业务目标，重新评估流程自动化及设计部分流程，建立完整的部署路线图，分批次开发财务机器人，并完善 RPA 的管理模型，同时培训员工具备 RPA 的设计、管理及维护能力，进行组织管理模式转型，完善 KPI 绩效，持续改进机制。

1.RPA 再开发

财务机器人的功能在于实现财务业务流程的自动化，因此企业在实施 RPA 项目时，需要因地制宜，站在流程优化和自动化的层次上看待问题，结合试点流程财务机器人的运行效果，在企业全范围内对业务流程进行再评估和优先级排序，建立完整的财务机器人推广实施部署路线图。

RPA 的规模化应用必然会涉及更多的部门、流程以及人员，使 RPA 开发和测试的工作量加大，因此在开发过程需注意以下几点。

自主开发可行性高：在推广实施过程中，企业应针对诸多的业务流程分别评估、分析所需的 RPA 软件，利用投入产出原则，考虑直接从市场上购买第三方 RPA 产品还是由 IT 部门自主开发 RPA 应用。相比较 RPA 流程试点阶段，在此阶段企业更有可能选择自主研发，一方面是由于推广阶段涉及的业务流程较多，时间较长，另一方面是企业已在试点阶段积累了一定经验。

应注重软件质量和机器人维护功能：在规模化应用阶段，面对更多元的业务场景，RPA软件的丰富性、可靠性、准确性和控制机制是企业尤为关注的方面，因此良好的RPA软件质量和机器人维护功能是RPA再开发的重要关注点，包括开发无错误、无缝集成组件等。

需加强安全和风险管理：考虑到推广应用时可能出现的异常状况，企业也应加强RPA的安全和风险管理，包括健全的机器人活动和审计跟踪记录、安全标准、在锁定屏幕下运行机器人的能力等。

2.组织管理模式转型

自动化对企业而言是一场变革，抵制变革的表现形式往往多种多样，最常见的就是组织中有人不愿意合作，而这种抗拒可能引发跨越组织多个领域的痛点。要想更好地实现自动化转型的目标，企业必须接受和解决这些障碍，协调各类利益相关者，积极采取各种应对变革的措施，保证RPA的顺利实施。

实施财务机器人是企业实现财务自动化与智能化转型的重要一步，必然会对企业原有的组织管理模式和有关的岗位职责形成冲击，因此财务工作流程的重新梳理和变革管理的相关工作应及时跟进。企业需确立基于RPA业务流程的新的治理模式、管理机制和组织架构。治理模式包括政策、人员和流程的更新，目的是提升治理水平以匹配企业先进的生产力。管理机制的变革对于财务机器人的上线至关重要。财务机器人的管理是指与财务机器人相关的信息技术控制机制，目的是保障自动化应用的安全和持续运行。组织架构管理包括岗位架构的调整和由此带来的人员技术的转变及KPI（Key Performance Indicator，关键绩效指标）的设置，目的是引领企业不断推动自动化及智能化转型。

对财务管理而言，财务的转型与变革是一个系统性工程，不同职能的财务人员转型路径有所不同。企业引入财务机器人后，需要将负责执行层面工作的人员分为两个团队：机器人流程处理团队和例外业务处理团队。例外业务是必须通过财务人员的知识、智慧、经验才能进行判断和处理的一系列工作。

企业可以根据业务单元的实际诉求和总体情况，通过组织专题会议、外部交流、内部研讨等多种类型的活动，帮助企业提升对RPA的认识，提高RPA应用能力，为后续RPA的推广建设奠定基础，如建立内部沟通群、发布RPA咨询案例、开展RPA问题交流和探讨。

四、运营与优化

财务机器人全面推广上线后，需持续关注项目的运行情况。

同步跟进系统软件的维护优化和人员培养，保证财务机器人实施项目的持续改进。

此阶段需要完成的工作包括机器人软件工具的日常维护、RPA领域技能人才培养和相关业务人员培训、收集运营阶段的反馈，并据此调整RPA配置，使财务机器人的功能不断增强、性能不断优化。

运营与优化环节为机器人在财务领域的全面应用保驾护航，包括监督软件运行、提供人员保障，使财务机器人能够满足企业的个性化需求。

（一）日常维护

在财务机器人运行过程中，软件工具是最基础、最重要的资产。一方面，正常情况下，长时间不间断的工作模式将加速计算机硬件设施的损耗，从而给计算机软件的正常运行带来潜在威胁。另一方面，在保证所提供信息正确的前提下，机器人的录入准确率理论上可以达到100%，企业对财务机器人的输出持有极高的信赖度。但由于财务机器人是基于特定指令进行批量操作，若某项指令或程序出现错误，财务机器人输出结果的错误将呈倍数放大，严重影响财务人员的决策，造成不可估计的后果。因此，计算机硬件设施和软件工具的日常维护是十分必要的。软件工具的日常维护有助于减少软件运行中的突发性故障，保障财务机器人的正常运行。财务机器人软件的日常维护由财务部门和IT部门共同完成，应建立软件工具维护日志，记录每次维护时发现的异常，并给出解决办法。

（二）人才培养

随着财务机器人在企业的规模化应用和财务自动化转型的持续推进，公司的人才培养策略需要同步转型，对财务执行层面的人才需求会降低，对技能型人才的需求相应增加。目前，该领域的技能型人才供不应求，企业必须改变传统的雇佣方式，以必要的战略招聘、外部援助和有机增长相结合的人才发展策略取而代之。

　　许多企业认为只需要一两天培训一下相关业务人员，就可以实现简单业务流程的自动化，从而将财务人员从大量重复的工作中解放出来。事实上，企业应至少需要2~3周的系统培训，并在自动化咨询顾问的监督和指导下进行2~3个月的项目实践，才能使自动化解决方案真正提高企业生产效率。

　　另一个需要注意的问题是引入RPA带来的自动化焦虑。机器人和人工智能使得许多对技能要求比较低的岗位面临被替代的风险，传统的职场环境必然会被颠覆，财务人员也要更早开始思考提升与转型。对于企业而言，引入RPA之后如何最大限度地降低甚至消除员工的焦虑，对维持组织稳定是非常重要的。企业应在决策之初就将这一影响纳入综合性变革战略的考虑之中，确保企业自上到下都为拥抱自动化变革做好准备。

（三）收集反馈

　　随着业务领域的拓展、战略目标的转变以及RPA技术的进步，企业希望通过一场RPA技术变革，建立一个一成不变的基于RPA的业务流程，这是不现实的。财务机器人的实施是一个持续演进的过程，这就需要具备持续改进的意识，建立不断自我优化的机制。只有将持续改进的理念一以贯之并付诸实践，才能建立一个不断进步、不断优化的财务机器人体系。

　　财务机器人自我优化的第一步即收集运营阶段的反馈。反馈来自两方面。一方面是，企业业务领域的拓展、战略目标的转变可能带来业务流程的改变，法律法规等变化可能带来账务处理流程的改变，这些改变可以由业务人员反馈。另一方面是，服务器不稳定、已有软件工具的局限性等都将使财务机器人运行过程中出现故障，这些故障可以由IT部门人员反馈。

　　企业在财务机器人运营阶段应建立问题日志以及完善的问题反馈机制，将业务人员及IT部门人员的日常反馈收录在问题日志中，由项目负责人复核，与高层领导商讨解决方案。对于重大问题的反馈，反馈人员可直接与项目负责人或高层领导进行沟通。

（四）调整优化

　　财务机器人的实施，实现了企业传统业务流程向基于RPA业务流程的转变，而财务机器人的持续改进，将使其向更智能、更贴合企业业务的方向前进。

对于财务机器人的优化升级，可以从问题日志入手。企业需持续关注项目的运行情况，根据财务机器人的实际应用反馈，调整 RPA 配置，优化业务流程。业务层面的问题可以通过调整业务架构进行优化，IT 层面的问题可以通过调整 IT 架构来实现。其中，RPA 业务架构指财务机器人涉及的组织及流程设置。根据运营情况调整流程的分类、分级，或组织架构及相应职能，可进一步提高业务流程处理效率，避免流程冗余，不畅等情况发生。IT 架构指 RPA 的控制台、客户端、服务器端以及 RPA 集成开发环境。围绕相应的系统问题，可有针对性地从数据架构、系统结构、集成架构 3 个层面入手解决。

财务机器人的持续优化工作，可以从业务架构、系统架构、组织制度、运营质量等几个维度重点展开。在这个过程中，企业应树立随需应变、持续优化的观念，使财务机器人性能不断优化，持续增强企业的自动化能力。

五、建立 RPA 卓越中心

RPA 的建设和管理需要业务决策人员以及具备 RPA 发现、设计、管理和维护能力的人员参与。因此，企业应致力于培养财务决策分析人员和 RPA 专业人才。

在实施与应用阶段，企业已开展组织管理方式的转型。随着 RPA 在企业中更大范围的拓展与渗透，企业应进一步完善 RPA 实施的组织管理模式，引进 RPA 卓越中心，完成对 RPA 实施的架构、团队、人员的部署和优化，设立 KPI 考核制度，制定员工培养及沟通方法，构建线上培训课程体系及阶段性沟通汇报机制等。

（一）什么是 RPA 卓越中心

RPA 卓越中心（CoE，Centerof Excellence）最初是企业早期部署 RPA 时创建的部门，由企业多个跨职能部门的专家组成，他们使用 RPA 工具和 RPA 技术来管理 RPA 实施，用于支持 RPA 的实现和正在进行的部署。随着 RPA 在企业中承担的工作越来越多，融合跨部门基层管理人员的

CoE逐渐发展成为一种行之有效的RPA治理机制。

德勤开展了一项名为"CoE快照"的调查,对分布于世界各地、隶属于不同行业的客户建立机器人卓越中心的过程展开了全方位的观察。机器人卓越中心的引入能够给整个组织带来多方面的优势,最为显著的优势依次为运营管理和能力培养上的提升、企业战略的定义与基础设施的标准化。

(二) 卓越中心的部门职能

企业通过RPA卓越中心对机器人的角色与任务进行分配,从组织上建立部门之间良好的协作沟通机制,以保证新技术和操作方式的顺利引入,促进人机协作,将RPA有效地嵌入组织,并在未来部署中重新分配累积的知识和资源,为企业的数字化转型和人工智能的到来打好基础。

作为企业统筹自动化举措的运营机构,RPA卓越中心的成员来自企业各个部门,包括业务流程改进部门、人力资源部门、IT部门和业务部门。各部门各司其职,通过打破企业内部壁垒,为企业部署及管理RPA自动化提供总体统筹治理、沟通与协作及赋能支持。RPA卓越中心能够为企业员工提供兼具标准化与灵活性的RPA服务,包括但不限于以下几点。①RPA综合管理:对RPA进行全生命周期管控。②RPA组织管理:实现RPA按需分配,提高使用效率。③RPA技术管理:建立RPA技术门户,统一技术规范,快速响应企业自动化需求。④RPA知识管理:建立企业RPA知识库,有效管理高复用性的机器人代码。

1.业务流程改进部门

业务流程改进部门应派出业务流程专家,帮助职能部门及业务部门识别、分析并优先排序需要实施RPA自动化的任务和流程。他们通常会把企业相关业务流程分为两类。

第一类是需要实施自动化的任务。这类任务一般基于具体规则,处于诸如支付处理等大体量业务流程的某一节点,影响的客户众多。

第二类是不需要实施自动化的任务。这类任务一般较为复杂,如企业召回不常见物品的问题零部件等,适用的客户人群很小。

企业的很多任务流程都属于第一类。接下来,需要对这类任务进行自动化优先级排序,对那些能够产生最大化影响以及最高回报率的任务优先实施自动化。

2.人力资源部门

RPA实施过程中的主要障碍有时并非来自技术本身，而是技术对人的影响。自动化会给员工带来便利，同时也会引发不安甚至恐惧，因此HR在RPA实施过程中扮演着非常重要的角色。

第一，消除员工对于RPA的恐惧。HR需要清楚地向员工说明RPA的好处，让他们明白RPA不会替代他们的工作，反而会协助他们提高工作效率，更好地完成任务。

第二，提升员工技能，使他们可以胜任更复杂的工作。企业可以将RPA释放的人力资源进行重新配置，HR需要对这些人员提供技能培训。

第三，评估人员流失及招聘计划。RPA将员工从枯燥乏味的工作中解脱出来，有助于提高员工的积极性并降低离职率，对人员招聘计划也会产生影响。HR需要与业务部门一起对人力资源需求不断进行评估。

3.IT部门

RPA的应用主要是对信息系统的改造，IT部门对RPA卓越中心的重要性不言而喻。IT部门的职能旨在确保RPA在技术层面顺畅运行，主要包括以下4个方面。

（1）基础设施与操作性。保障RPA机器人持续操作是一项非常复杂的工作，因为对应用界面的任何更改都会影响到机器人，IT部门对处理更改具有重大职责。为确保不间断的操作性，IT部门需要定期检测自动化应用。

（2）安全性。安全性是当今企业关注的焦点，也是IT部门工作的重点。RPA能够减少员工与敏感数据的接触，因此它具有与生俱来的安全性。此外，RPA解决方案还具备内置式审计报告功能，便于追溯。

（3）软件机器人支持与维护。当RPA机器人出现问题时，IT部门的技术专家将会第一时间提供解决方案。

（4）一致性与可扩展性。管理流程自动化应用清单，助力企业妥善记录流程步骤、快速识别有缺陷的自动应用，使企业能够积极有效地开展安全性及风险管理。

4.业务部门

RPA流程自动化的起点和终点是业务部门。业务部门最了解RPA涉及的相关流程和任务特点，因此对实施RPA最有发言权。很多企业会鼓励基层员工提出自动化建议，因为自动化的初衷正是让员工的工作更有价值。

业务部门不仅需要积极寻找自动化机会，还需要负责对工具及流程变化进行引导和推广，让员工理解RPA对业务的价值所在；同时也需要建立一套全新的变革管理方法，并监测RPA实施进展。

业务部门是RPA自动化最终的受益者。RPA部署的意义就在于帮助业务部门提高效率、解决业务难题、改善员工和客户体验。

（三）卓越中心的组织架构模型

卓越中心的组织架构不仅决定着企业现有RPA的运营管理模式，而且对后续的业务布局和组织能力拓展有着深远的影响。

常见的机器人卓越中心的组织架构模型有3种形式：集中型、分散型、混合型。这三种交付模型各具优缺点，企业需要结合自身管理要求、部门能力水平酌情选用。

1.集中型RPA卓越中心

在企业内部建立一个负责所有RPA业务的RPA卓越中心。优势在于单一COE能够明确整个企业战略，最大限度地提高效率、减少重复，在推行RPA战略时能够优先考虑整个组织；缺点则在于企业各部门业务端缺乏自主权，中小型的子公司投入不足，个别领域的解决方案可能无法做到最佳，可持续性较差。集中型RPA卓越中心适用于组织架构简单、规模较小或处于RPA实施初期的企业。

2.分散型RPA卓越中心

在企业每一个推行RPA的部门成立各自的RPA卓越中心，集团总部也成立自己的RPA卓越中心，各个RPA卓越中心之间彼此独立。分散型RPA卓越中心的优点在于各业务端拥有强大的自主权，能够针对各自领域的特殊需求提供最佳解决方案。缺点在于企业内部不同部门的RPA可能缺乏一致性和持续性，能力与产能因重复而浪费；经验教学可分享性较差，可能无法与企业整体的RPA战略保持一致，造成相关业务的高成本低回报。分散型RPA卓越中心适用于业务单元个性化程度高、业务类型分散且集团总部对分子公司战略控制程度低的大型企业。

3.混合型RPA卓越中心

在企业每一个推行RPA的部门成立各自的RPA卓越中心，同时在集团总部成立RPA卓越中心，对各分、子公司的RPA卓越中心进行统一的战略制定和运营管理。混合型RPA卓越中心的优点在于能够平衡总部的控制权和各业务单元的自主权，推动中央战略决策的落实和规模经济发展；缺点在于缺乏分散型卓越中心对业务需求的高度适配性，也缺乏集中型卓越中心在企业总部的高度优先级。混合型RPA卓越中心适用于规模较大、组织结构复杂的企业。

RPA卓越中心的架构模型应根据企业自身的组织架构和地理位置确定。随着卓越中心运营的成熟，其架构可能随着时间的推移而演变。

RPA是一种企业能力，公司需要专注于培养核心RPA机器人运营团队的技能，让每个人参与进来，在业务和IT部门之间建立可靠的关系。这个过程必将是一个漫长而持续的过程，透明的管理和合理的规划非常关键，而一个结构良好且人员配置完善的卓越中心是RPA实施的总指挥所。

六、推动财务机器人成功实施的关键因素

RPA在为企业带来收益的同时，也带来了各种风险，这些风险可能会导致项目中途夭折，为企业增加成本。根据德勤的一项调查研究，在400家公司中，30%~50%的初始RPA项目走向失败，且63%的RPA项目未按时交付。因此，企业在实施RPA之前应明确RPA成功实施的关键因素，并在实施过程中充分考虑到这些因素。以下是一些RPA成功实施的关键因素示例。

卓越中心领导者能够很好地协同工作，并了解他们的角色在RPA实施中的重要性。

尽早使IT部门加入RPA实施工作中，使其发挥自身优势。

供应商的选择应与IT和业务部门达成一致。

了解RPA现在和将来的部署策略，并根据策略规划和执行。

可以通过少数供应商的试点，为RPA的全面实施做好准备。

RPA 的实施至少需要一名主管 RPA 工作的高层领导者，如 CFO，便于 RPA 卓越中心负责人随时咨询 RPA 的实施事项。

为 RPA 部署预先投入资源和资金。

在 RPA 部署中保持一定的灵活性，允许业务人员改变主意并修改流程，企业愿意不断变化和不断调整方向。

案例：某企业 RPA 实施全过程。

某大型企业耗时一年多时间完成企业 12 个业务流程的 RPA 试点及全面实施，包括准备、试点和全面实施 3 个阶段。该企业 RPA 的实施全过程如下。

2016 年年底，开始关于知识管理、AI 和 RPA 的基础研究，为部署做准备；与高校合作完成对当前市场上的 RPA 供应商、部署方法类型和 RPA 工具选择的研究。

2017 年 1 月，完成对愿意以低成本进行试验的 RPA 供应商的搜索，访问供应商，并为供应商提供实施 RPA 的建议，确保试点所需的资金到位。

2017 年 2 月，制定试点实施计划，完成了采购、网络安全审查、网络规划、法律审查。

2017 年 3 月，签订合同，与供应商会面，并开始业务试点。每周与供应商多次会面进行流程同步。

2017 年 4 月，与供应商进行电话沟通，继续进行业务试点。

2017 年 5 月，IT 部门领导意识到由于业务流程的复杂性，供应商需要很长时间才能完成，并且在月末开始在 IT 部门进行试点。

2017 年 6 月，IT 部门完成了流程试点，并开始研究当前所选的供应商的业务建议和经验教训。IT 部门根据在试点期间学到的知识为供应商的选择创建了一个问题集，与业务部门会面以确定推行什么策略，并启动供应商选择过程。

2017 年 7 月，在两周内，从 21 个供应商中选出了最终的供应商，并进行了一系列的合同谈判、网络审查和法律审查。在此期间，创建了一个 IT 团队以支持 RPA 推进。

2017 年 8 月，与全面部署好的供应商签合同，通过面试、报价谈判，形成ITRPA团队；构建了服务器，用于加载RPA应用程序，并与供应商讨论关于该工具的基本信息。团队开始进行文档管理工作。

2017年9月，供应商培训及内部培训，同时更多的流程开始成形。

2017年10月，开始创建hackathon（编程马拉松，即开发人员以紧密合作的形式编写某软件）以及培训材料，找到hackathon的实际应用案例；与业务部门会面以激发他们对RPA的兴趣，与人力资源和数码通信部门合作，确保在正确的时间发送适当数量的信息，以支持hackathon。在此期间，开发人员专注于业务线，确保系统能正常启动。

2017年11月，在月初实现12个流程中的前两个流程，在月底又实现了四个流程；雇佣一名开发人员作为顾问，因为此刻需要更多的具有开发技能的人；审批通过，增加IT团队成员以支持RPA团队的全面实现。

2017年12月，继续推动RPA流程并与业务部门会面（总共12个流程，需要在12月31日之前全部实现）。

第七章　财务管理与企业经济发展

第一节　财务管理在企业经济管理中的作用

全新的现代企业制度丰富了企业的组织形式，却增大了企业的管理难度，进而导致企业的经济管理承受着非常大的压力。在这样的背景下，企业应重视财务管理，缓解企业经济管理的压力，并采取最为有效的财务管理方式，提升企业经济管理的整体效果，进而保证企业能够得到良好的发展。

（一）能够为企业经济管理决策提供科学的指导

企业财务管理融入了各个部门的数据及信息，从企业经济管理的层面上来讲，对财务信息和数据的管理，可以为企业提供有价值的经营决策依据。由于大多数企业的内部环境并非完善，因此这意味着无论什么决策，都关乎企业的发展与建设，所以企业在进行决策时，一定要持有谨慎的态度。并且，企业可根据财务数据情况，了解到企业的整体经营管理效果，进而能对其经济管理做出准确预测，这样就可以促使企业的经济管理决策更具合理性、有效性和指导性。例如，企业在进行投资时，财务管理人员要分析财务数据，并评估投资是否存在风险，以及能够获得多少经济收益，这样便可避免企业进行盲目投资，降低投资风险。

（二）有利于确保企业各项资源的合理分配和使用

企业在进行经济管理期间，要严格按照成本效益理念，来控制有关资源和成本，进而提高资源和成本的使用率。企业站在财务管理的角度进行分析，可掌握完善的资产、库存信息，从宏观层面提升企业所有资源的使用率，防止企业成本的浪费，从而便可保证企业管理的合理性和有效性，还能够避免企业发生经济管理风险，提升企业在市场中的竞争力。例如，企业实行财务管理，可对流动资金进行管控，掌握流动资金的具体使用情况，进而可在很大程度上提升资金的使用率，最终提升企业经济管理的质量。

（三）能够提升企业的经济管理水平

企业的经济管理关乎企业的经济发展，所以企业要站在宏观的角度来进行经济管理。而企业进行财务管理，可以根据企业财务的实际情况来进行税务调控，进而实现合法避税，这样便能在缓解税负压力的同时，使企业获得理想的经济收益。除此之外，企业利用财务部门提供的经营及管理方面的数据，可掌握经营管理的实际情况，然后通过合理的管控方式，让企业以更快的速度适应市场要求，并做出合理的决策，进而就可顺利完成企业既定的经营目标，最终得以全面加强经济管理的质量和效率。

（四）降低企业发生财务风险的概率

企业进行经营管理会涉及大量的经济活动，但经济活动具有一定的风险性，如果不进行完善的财务管理，那么就很有可能产生财务风险。企业财务风险的类型非常多，其中，主要有融资风险、经营风险、利率风险等。就拿融资风险来讲，若企业采取的是股本融资或负债融资的话，那么在企业运营不力时，不但难以满足股东的收益，而且还要偿还利息、承担负债，这对于企业的发展会造成极为不利的影响。进行完善的财务管理，并做好相关的监管，能够降低企业发生财务风险的可能性，保证财务决策的合理性，进而在保证财务管理质量的同时，使企业经济管理得到顺利开展。

第二节　财务管理与企业经济效益的关系

企业是一个营利性的组织，它的出发点和归宿就是为了获利，因而追求经济效益是企业最大的目标。然而，企业的经济效益受多方面因素的影响，如国家的产业政策、行业竞争度、产品销路、资金回笼程度、人员结构和素质以及企业内部管理状况等，所以必须加强企业的管理，特别是财务管理，以促进企业提高经济效益和参与市场竞争的能力。下面，笔者就企业的财务管理与经济效益之间的关系，谈点粗浅的看法。

一、财务管理的整体目标是追求经济效益最优化

企业的财务管理，要以企业的整体目标为中心开展工作。笔者认为，我国企业财务管理的整体目标应该是追求经济效益最优化，因为其能更好地满足企业的所有利益要求。它既有考核企业盈利能力的指标，如资本利润率、净资产利润率等，又有考核资本保值率等所有者财富增加的指标，能促使企业通过提高业绩来提升股价。

企业的财务管理经济效益最优化整体目标，可以保障债权人的利益，在经济效益指标中，有企业偿债能力指标，债权人通过这些指标可以了解企业是否具有安全偿债能力。能满足经营者的利益要求，它能从产量、销量、资金周转速度、成本费用利润率、每股收益等指标中看出经营者的业绩，从而使所有者通过业绩评价来确定给经营者的报酬。可以满足政府、社会的利益要求，经济效益包括社会效益，以经济效益最优化为目标，有社会贡献率、社会积累率、顾客满意率等考核指标，有利于促使企业注重社会效益。可以满足员工的利益要求，现行经济效益指标体系有一个缺陷，就是没有考核企业为员工谋利益的指标，只要补充这方面的指标，如企业员工工资增长率、工资发放率、员工权益与所有权益同步增长率等指标，就可以把这个缺陷弥补上。

二、建立和完善财务管理制度是提高企业经济效益的基础

（一）建立以资金为中心的财务管理体系，充分利用资金，提高企业的经济效益

企业应进一步完善财务管理组织机构，建立内部资金管理中心，健全资金管理责任体系，理顺资金渠道，发挥资金的使用效能。

建立切实可靠的资金管理制度，一是建立投资论证制度，投资决策

失误是企业在资金管理上的最大失误，需要在企业内设立投资论证程序，也可以请专业机构参与论证；二是建立应收账款管理制度和独立的信用管理体系，落实资金回收责任制，加快资金回笼；三是建立存货资金控制制度，按正常生产需求采购货物，把库存量降到最低水平；四是建立财产物资清查制度，发现账实不符或资产贬值，应及时处理；五是建立保证制度，避免暗亏带来的资金沉淀。

企业只有保持合理的资金结构，才能保证正常的资金循环。企业的资金必须纳入收入支出计划，进行综合平衡、合理安排，严禁资金体外循环、脱离财务的监督，要根据企业的效益状况合理安排基建资金；强化债务管理，充分利用债务杠杆的作用，在不影响企业商业信用的情况下，增加对供应商应付账款的占用额度，是非常有效的融资方式。

（二）搞好成本管理

控制成本支出是企业提高经济效益的关键，企业的经营目标是实现经济效益最优化，成本的高低直接影响企业的经济效益，因此企业必须加强成本管理，尽量降低产品的成本。企业只有实行科学的目标成本管理方法，才能有效降低成本，增加经济效益。

（三）加强实物资产管理，盘活存量资产，增加资金来源

企业资产的表现形式是多种多样的，它是企业的经济来源，要加强企业的资产管理，防止资产损失，充分发挥材料、设备、厂房、土地的作用，把多余的或利用率不高的资产变成现金，以改善企业的资金状况，增加资金来源。

三、实施科学的财务管理有助于企业的决策

企业实施科学、有效的财务管理，能提高企业的经济效益。

财务分析是企业做出经营决策的重要依据。财务分析是评价财务状况、衡量企业经营业绩的重要依据。财务分析主要包括企业的偿债能力、营运能力和盈利能力分析。通过对报表核算资料的分析，便于企业管理者通过了解企业的财务状况和经营成果，促使经营者改进工作方法、挖掘潜力，实现企业的经营目标。

财务预测是提高企业经济效益的前提条件。财务预测是企业各业务

管理人员根据历史财务资料，运用科学的预测方法，结合管理，对企业各项财务指标的发展变化趋势所做的估计和测算。现代财务管理要求由过去的事后反映和监督为主，转向事前预测和决策为主，只有正确地进行财务预测和决策，才能事前估计各种有利因素和不利因素，趋利避害，克服工作中的盲目性，增强预见性，为提高企业的经济效益提供前提条件。

财务计划是保障企业经济效益得以实现的关键。正确地编制、执行财务计划，可以使企业的财务工作提高预见性，并为企业各部门、各单位职工树立财务奋斗目标，从而确保企业经济效益的实现。

财务控制是提高企业经济效益的保障。财务控制是以各项定额和财务计划为依据，突出对成本实行有效控制，通过对收入、支出、占用、耗费等费用的日常计算、对比和审核，使财务活动实现预定的目标，以保障企业经济效益的实现。

财务考核是保证企业经济效益实现的动力机制。通过考核，能够及时发现企业在财务工作中存在的问题，并采取相应的措施，督促各项计划指标的完成，以保证企业利润目标的实现。

财务监督是提高企业经济效益的保证。依靠财务监督，一方面，可以节约资金使用，降低成本，增加盈利；另一方面，可以制止违反财经纪律和制度的行为。

财务检查是保障企业经济效益合理、合法性的手段。通过检查，揭露财务管理中存在的问题，以便采取措施进行纠正处理，使企业在保证经营合理、合法的前提下，增加企业的经营收入。

总之，提高经济效益是企业财务管理的根本目标。财务管理是一切企业经营活动的基础，也是企业管理的中心环节。在市场经济条件下，突出财务管理的中心地位，是企业追求效益和实现资产保值、增值的客观要求，提高企业经济效益，必须加强财务管理。

第三节 财务管理提高企业经济效益的途径

一、加强资金管理

在企业的财务管理中，对于资金的管理是重点。对于企业来说，资金是一切生产活动的基础，如果没有资金，企业的一切经营活动就无法进行，但如果企业对资金的管理把握不好，没有计划地动用资金，就很难获得经济利益。因此，财务管理的重点是加强资金管理，将企业资金最大限度地加以利用，发挥财务管理在企业中的作用。

（一）合理计划、使用资金

企业要以量入为出为原则，计划年度资金的使用，同时要参照企业年度生产计划以及贷款回笼目标要求，来合理使用资金。为了将支出资金控制在使用计划之内，必须避免计划以外的资金使用，减少资金流动的盲目性。

（二）提高资金的运转效率，减少对资金的大量占用

企业在对资金进行管理时不可马虎大意，因为资金的充足与否直接关系到企业是否能够正常运作，对资金管理得越仔细、越全面越好。

物资供应部门一定要制订科学的物资供应计划，然后才能签订合同，进而才能对资金使用进行安排。采购涉及大量的资金运用，在不影响采购质量和数量的基础上，要遵循节约的原则，采购量不要过多地超出实际使用量；进行采购业务结算时，一定要遵守收货在先付款在后的原则，杜绝人情结算现象的发生，如果能够保证企业的信誉不受影响，要尽量将货款支付期限往后推迟，大幅度利用供货方提供的信用优惠。

生产部门也同样会使用大量的资金，企业要对其资金使用进行跟踪考核。生产部门的资金安排要以实际的生产计划为依据，做到具体问题具体分析，如有紧急生产的项目要给予优先安排资金的特权。

销售部门要实行目标责任制，对每一笔销售任务都要安排相应的负责人员，确保其在整个销售过程中"在其位，谋其政"，一旦出现失误要

追究其责任，提高资金的使用效率，防止暗箱操作。

二、加强成本管理

在企业的财务管理中，另一个重点是成本管理，它能够综合地反映出企业的经营活动。无论是材料，还是产品质量，最终都会反映到产品成本上。成本管理开展得如何，将会对企业的经济效益产生直接影响，也会影响企业的竞争力。因此，加强成本管理，降低产品成本，是提高企业经济效益的又一有效手段。

（一）建立健全成本管理制度

没有完善的成本管理制度，企业的成本管理就可能是空谈。现阶段，很多企业的成本管理制度并不完善，存在许多问题，因此成本管理的重点应放在制度的完善与健全上，在材料的收、发、领、退以及成本的计划、预测、分析等方面，都会涉及成本管理。

（二）做好成本核算

企业的成本核算，需要以成本费用核算制度为基础，以权责发生制度为原则，同时要以国家规定的成本开支范围为依据来进行。

1.材料费

在企业成本中，材料费占据了相当大的比例。产品成本的高低直接受材料采购价格高低、材料节约与浪费等的影响，因此要严格控制好材料采购阶段的成本支出，在保证材料质量的前提下，尽可能减少采购费用。另外，还要建立健全材料的盘点制度，对于材料的收、发、领、退等及时进行清查、盘点，确定定额领料的制度，杜绝出现多领、滥发材料的浪费现象。

2.人工费

在企业的成本支出中，人工费用占据了一部分的比例。要想降低企业的成本支出，节约人工费用也是一种有效的方法，因此企业要对自身机构进行精简，撤销冗余机构，节约人力支出，提高生产效率，同时要加强技术研究，降低人工费用的支出。

3.制造费用

制造费用也是企业成本支出中的一部分，企业进行成本管理也要从这方面入手，提倡节约，压缩开支，提高机器设备的利用率，降低制造费用，保证成本资料的真实性、准确性和合理性。

（三）实施成本控制

企业加强成本管理的关键及重点是进行成本控制，为了保证企业总目标的实现，根本途径就是加强成本控制，增加企业的经济效益。换句话说，企业提高竞争力的根本保证就是控制企业成本，降低产品成本消耗，提高产品质量。只有将产品的成本降下来，才能够积攒更多的资本，以提高企业的技术创新，提高企业的市场竞争力。企业要想做好成本控制，在事前就要做到了解、掌握各种生产活动所需的成本，并对此进行分析，制定出一套降低成本、保证质量、节约费用的有效措施；在事后要把实际成本与计划成本进行分析比较，找出其中存在的差距，并积极采取改进，以便在日后的生产活动中有效控制成本费用，从而提高企业的经济效益。

三、加强会计基础工作

企业财务管理的基础工作是会计工作，因此加强企业财务管理的基础就是要加强会计基础工作。一方面，不断提高会计人员的专业技术水平；另一方面，实行会计电算化。

（一）加强财务人员的专业培训，提高财务人员的专业素质

任何企业的生产经营活动都是以人为基础进行的，要加强企业的财务管理，首先就是要做好财务人员的管理。在市场经济环境下，财务人员不仅要具备基本的财务管理知识、具备会计技能，而且要加强对科学管理方法的学习，提高自身的综合素质。因此，企业要对财务人员加强专业知识、科学管理方法方面的培训。

（二）将会计电算化运用到财务管理中

会计电算化的应用，不但能提高财务工作的效率，而且能提高财务管理的效果。因此，现阶段财务管理的首要任务就是实现会计电算化，将衡量财务管理水平高低的标准定为会计电算化水平的高低。会计电算化的应用，将在很大程度上减轻企业财务人员繁多的手工操作工作，从

而更好地发挥财务管理的作用。

（三）建立健全财务管理制度，规范企业财务管理

要想加强企业财务管理，首先是要健全完善财务管理制度，实现规范化、科学化管理。企业财务制度的建立健全，需要以企业实际经营情况以及未来发展方向为依据进行制定。随着财务管理制度的健全以及完善，能够提高财务人员的责任感以及约束感从而促进企业财务管理的规范化以及科学化，提高财务管理的效果。

（四）促进财务管理信息化发展，建立财务信息系统

企业财务管理的重要工作内容之一，便是将有用的财务信息提供给企业，并保证这些信息的真实性和可靠性。为了适应当前的经济发展形势，企业要建立财务信息体系，从与会计相关的法规和制度上来保证财会信息的真实性。在保证财会信息真实性的前提下，进一步提高财会信息的利用时效，开发财会信息的利用价值，发挥财会信息在企业管理中的作用。

总而言之，面对竞争日益激烈的市场经济环境，企业要想增强自身的竞争力，就要从财务管理入手，将财务管理作为各项管理工作的重中之重。与此同时，还要建立健全财务管理制度，提高企业财务人员的专业能力及综合素质。只有这样，才能够发挥企业财务管理的作用，提高企业的经济效益。

第八章　财税政策与经济发展

第一节　促进经济发展方式转变的财税政策

一、财政影响经济发展方式转变的方式

（一）财政促进经济发展方式转变的传导路径

1.调整国民经济总量的财政政策

从财政政策在调节国民经济总量的不同功能角度，可以将财政政策划分为扩张型财政政策、紧缩型财政政策和中性财政政策。往往是根据具体的经济运行情况而选择具体的财政政策。一般情况下，当经济处于衰退期时会采取扩张性财政政策，扩张性财政政策也被叫作积极的财政政策，经济衰退的典型特征则是体现为社会总需求的不足和失业的增加，政府通过增加财政支出和减少税收等手段，刺激社会总需求的增长，降低失业率，拉动经济增长。相反，在经济过热时期则采取紧缩性财政政策，经济过热的典型表现是社会总需求的膨胀，政府通过减少财政支出、增加税收等手段来抑制总需求、稳定物价，给经济"降温"。介于扩张性财政政策和紧缩性财政政策中间的，还有一种中性财政政策，当经济处于平衡时期，物价相对稳定，经济运行总体保持平稳，一般则实行中性财政政策。中性财政政策更加注重经济结构的优化，在实行中性财政政策时，政府的干预相对较少，而更加注重市场的调节作用。不同经济时期，采取适当的财政政策，对经济总量进行调整，目的是促进国民经济

平稳运行，防止经济的剧烈波动。

2.调整经济结构的财政政策

在宏观经济中，财政政策可以通过各种政策工具调整、优化经济结构以实现其政策效应，即在财政收入和财政支出一定的条件下，通过调整财政收支的结构，激励和促进经济发展方式的转变。财政通过调整其支出手段，调整经济结构，例如，直接加大对科技创新、新能源的开发和使用等方面的支出力度，并且通过加大和改善公共服务和公共产品的数量和质量，为经济发展方式转变创造良好的外部环境。在市场经济中，财政政策和货币政策是国家进行宏观调控最重要的两大政策工具。一般情况下，财政政策与货币政策二者相互配合使用，并对宏观经济产生作用和影响，以达到宏观调控的目标。同时，财政政策与货币政策对宏观经济调控的作用分别有侧重点。其中货币政策主要侧重于总量的调节，不适合过多承担有关经济结构调整的任务；而财政政策除了承担调节经济总量的任务，同时还应该承担起调节经济结构的任务，相对来说，对于经济总量的调节是配合货币政策，对于经济结构的调节则是其核心任务。由此可见，转变经济发展方式中所要求的对诸多结构的调整，财政政策应该是主要承担者。

3.调节微观主体的财政政策

财政政策对微观主体的调节主要是在宏观政策导向下，通过参与公共产品提供和国民收入额分配和再分配来实现的。对于不同的市场微观主体，采取有所区别的财税政策手段已达到调节作用，包括税收优惠、财政补贴、政府采购等手段。例如，财政政策可以利用累进税率和财政补贴等手段来矫正收入差距，通过利益调整作用来影响企业主体的经济行为，对污染收税、耗能收税等限制耗能高和污染重的行业发展产生影响。转变经济发展方式中，可以通过对财政收入和财政支出政策的实施，实现相应的支持和制约性目标。

（二）促进经济发展方式转变的财政政策效应

对于财政政策支持经济发展方式转变的效应分析，主要是解析财政政策在促进经济发展方式转变时所应追求的政策效应。促进经济发展方式转变的财政政策效应主要包括以下两个方面。

第一，转变成本支付的效应。转变经济发展方式的首要任务就是进行经济结构的调整，同时，转变经济发展方式还要求进行产业结构调整、加快自主创新、推进农业发展方式转变。因此，转变经济发展方式隐含着各种调整、转变以及改革的成本。我国由于几十年的粗放型经济运行方式，如果进行发展方式的转变，必然会涉及一系列可能发生的成本，如技术、工艺的改造和升级换代、新技术的研发和利用等。这些经济发展方式转变的成本和一些其他相关联的改革成本，难以由市场自身消化解决，政府财政可能是这些成本的最适合支付者。另外，转变经济发展方式还要求加快生态文明的建设，防止环境污染和保护生态平衡等都会涉及"外部性"的问题，无论是正的外部性还是负的外部性，都需要政府出面进行引导或者干预，这无疑都是需要由财政支出来解决的转变成本问题。

第二，引导、激励和约束效应。与政府直接支付转变成本相比，政策的引导、激励和约束则带有一定的间接性，但往往更具有规范性和长效机制特征。以调整经济结构和产业结构、加快自主创新和生态文明建设的经济发展方式转变为导向，可以通过特定的财政政策作用方式和工具组合，以经济参数、经济杠杆来重新调度和配置一部分经济利益，起到引导、激励、约束地方政府和企业经济行为的作用。

（三）财政政策支持经济发展方式转变的方法

第一，应该建立财政投资引导和财政投入激励协调机制。应该协调联动财政政策的间接引导和直接激励效应。对于财政资金用于支持经济发展的专项资金集中投入到重大项目，特别是关系到经济发展大局的关键项目，应减少直接投入，将部分资金投入可以引导社会投资的领域中，通过财政贴息、税收优惠等手段间接地引导社会资金的投入。

寻找财政资金用于直接投入和间接引导的范围区间。

第二，建立鼓励性与限制性相结合的财政机制。特别是创新财政扶持方式，提高扶持资金的使用效率。在各级政府进行财政体制改革的基础上，整合现有存量、尽量优化增量，依据这一原则，整合现有财政资金，尽可能地发挥公共财政资金的扶持和引导作用，同时还要兼顾税收政策的限制和激励作用，使鼓励性政策和限制性政策协调整合发挥最大作用。

第三，注重全方位促进与多环节引导相结合的政策措施，应综合运用财政政策的各项工具，发挥财政政策的导向作用和其他多项政策措施整合作用。这是由转变经济发展方式的自身要求所决定的，转变经济发展方式的政策目标是多元化的，所以财政支持经济发展方式转变的政策目标也应该是多元化的，仅仅依靠单一的政策手段是无法实现的，必须综合运用财政支出、税收等多种政策手段和工具。包括强化基础设施建设投入、优化税制结构、规范税收制度等具体措施及手段的运用。

二、需求结构调整的财税政策

（一）需求结构基本理论

1.需求与需求结构

（1）社会需求。社会需求，指的是在某一特定时间段里，一个国家或者一个地区在其生产力发展水平下，全社会用于投资和消费的支出所形成的对商品和服务购买力的总和。社会总需求包括两个部分。一是国内需求，指国家内部产生的需求，又称为内需，内需又包括投资需求和消费需求两部分，是指通过投资主体和消费主体支出的货币资金，所形成的对国内的投资与消费。二是国外需求，简称外需，一般指国家外部产生的需求，也就是对国外的出口，即产品和劳务的输出。

（2）需求结构。结构，是指一个整体内在所包含的各个组成部分的搭配和组合。社会需求包括消费需求、投资需求、出口需求三个组成部分，因此需求结构是消费需求、投资需求和出口需求三部分以及内部各个要素的搭配和组合关系。然而，更进一步来说，形成需求的根本是购买力，因此需求结构实际上也可以理解为是购买力的结构或者组成，即广义货币在各产业中的投入比例。社会需求结构对于一个国家或者地区的产业结构、分配结构、要素结构等均有较深刻的影响，需求结构失衡，产业结构和要素结构不可能合理，必然会导致经济结构的失衡，可以说一个国家或者地区的需求结构合理与否可以反映出国家经济结构合理性程度。影响需求结构的因素是多方面的，包括国家的政策导向、经济结构、社会成员的消费能力和消费偏好等。

2.需求结构的组成部分

（1）消费需求。消费需求是指人们利用社会产品满足各种需要的过程，它是社会再生产过程中的一个重要环节，也是最终环节。消费需求是指有支付能力的社会集团和全体居民，对于社会商品的消费需要的总和，具体形式包括商品和劳务，表现为居民收入中用于消费的部分和企事业单位资金中用于个人消费和集体消费的部分以及国家预算内的社会消费。在拉动经济增长的"三驾马车"中，投资需求是经济增长的推动力，出口是经济增长的调节器，唯有消费需求才是经济增长的内生动力。

依据消费主体的不同，可以将消费需求划分为两类：一类是居民消费需求，居民消费需求主要是指居民在衣食住行等方面对商品和劳务的生活消费需要；另一类是政府消费需求，政府消费需求是指政府部门为了满足社会公共需求，而提供公共服务和公共产品的消费需求。

（2）投资需求。投资需求是指一个国家或者一个地区，在一段时期内全社会所形成的固定资产投资和存货增加额之和。投资需求的稳定性不及消费需求，相对来说，比消费需求更容易出现较大的波动，并且这种波动会直接影响到社会总需求，使社会总需求也产生剧烈波动。因而可以通过刺激投资需求，进而刺激社会总需求的增加，解决社会总需求不足的问题。

另外，投资需求与消费需求也会彼此影响，互相作用。当投资需求增加时，就会促进生产的扩大；而扩大生产必然会使得消费品的生产数量增加；消费品数量的增加，则会引起需求曲线的移动，使得消费品的供给大于需求，因而消费品的价格会降低；消费品价格降低，相应地就会再促使需求增加；消费需求的扩大，则引起消费品的供不应求，再一次使供给曲线移动，使消费品价格上升；消费品价格上升，进而会刺激企业扩大生产；当企业原有生产水平无法满足扩大生产的要求时，则投资需求就会进一步扩大。由此可见，投资需求与消费需求在一定程度上是互相促进的关系。

（3）出口需求。出口需求是指国家把一部分产品和劳务输出国外，以换取必要的外汇收入。出口结构是指构成出口贸易活动的要素之间的比例关系及其相互联系，具体来说，出口结构包括出口活动主体之间、客体之间以及主体和客体之间的比例关系，具体包括出口商品结构、出口模式结构和出口市场结构等，它是一个国家或地区经济技术发展水平、产业结构状况、商品国际竞争力、在国际分工和国际贸易中的地位等的综合反映。

然而出口商品结构是最能反映一个国家或地区的工农业发展水平、资源状况以及对外贸易政策等方面的指标。出口商品结构指的是一个国家或地区在特定时期，整个贸易总额中各类出口产品所占比重大小。商品出口结构又可进一步分为商品间的出口结构和商品内的出口结构。商品间的出口结构指低级产品与高级产品的出口结构；产品内的出口结构指同一产品内的低端型产品与高端型产品的出口结构。

（二）我国需求结构现状及负面影响

我国经济结构的突出表现就是需求结构失衡，根据总需求的构成，对我国需求结构现状的分析，可为四个层次，分别是内部需求与外部需求的结构分析、消费需求与投资需求的结构分析、政府消费需求与居民消费需求的结构分析、城镇居民消费需求结构与农村居民消费需求结构分析。

1.内部需求与外部需求结构

内部需求与外部需求都是拉动经济增长的力量，但从国际经验看，大国经济主要是由内部需求主导的。从我国的内部需求与外部需求结构关系来看，近些年我国过度重视外需，轻视了内需。

长期以来，在我国诸多刺激出口和鼓励招商引资政策的推动作用之下，我国的对外贸易增长速度非常快，特别是近些年来，无论是出口还是进口，增长速度都十分迅速，远高于近几年的年GDP增长速度。

较高的出口贸易增长速度，尽管对于促进国内经济增长、缓解国内需求压力等方面有一定的积极作用，但与此同时，也带来了一系列的负面效应，给国内经济运行带来了风险与不确定性。一是过度依靠外需拉动经济增长，这使国内经济运行风险加大，因为一旦国际市场有大的波动，必定要波及我国的经济运行，2008年由美国次贷危机引起的全球性金融危机就给我国经济带来巨大的影响，由于出口额的急剧减少，造成我国经济增长速度的减缓；二是我国所从事的出口贸易中劳动密集型产品比重过大，尤其以加工出口贸易为主，加工出口贸易是两头在外的低层次加工贸易，往往技术含量低、附加值低，国内采购率低，虽然出口规模大但收益并不高，同时对关联产业的带动作用小，对经济发展的实际贡献率较低；三是快速增长的出口贸易给国内经济运行带来了压力，例如对国内能源、电力及交通等方面都带来了需求压力，致使能源、原材料价格上涨加剧，加上粗放式的外贸增长方式，造成国内资源过度利用、污染严重。

由此可见，过度的依赖外部需求拉动经济，而忽视内部需求对于经济的持续健康发展是十分不利的：从短期来看，依赖外需忽略内需会导致经济的内外失衡；而从长期看，过度依赖外需必然会使得经济发展缺乏后劲。日本、韩国在很长一段时间内都是依靠出口需求来拉动经济，使得其经济得到快速的增长，但是在取得经济增长后的10到20年间又步入了经济发展的困境，随后都是经历了经济改革和经济发展方式的转变才得以走出困境，使得经济继续发展。从我国目前所面临的内部条件和外部环境来看，这种过度依靠出口拉动国内经济增长的模式已经不再符合当前我国经济发展的需要，到了迫切需要改变的时候了，过度重视外需、依赖出口拉动经济增长的风险正在增大，以扩大内需为主，才是我国今后经济发展的主要方向。

2.消费需求与投资需求结构

消费需求与投资需求是国内需求的组成部分。从消费需求与投资需求之间的关系来看，消费需求是最终需求，投资需求是中间需求，二者之间存在一定程度的关联性，彼此之间相互影响、相互作用。通过增加消费需求带动投资需求的增加，从而促使总需求的增加；而增加投资需求，虽然在近期对总需求的增加作用明显，但因其对消费需求的增加带动作用较小而使总需求增长受到制约。

另外，投资需求虽然在短期内对于经济具有明显的拉动作用，但是投资却是一把双刃剑。一是因为投资的增长速度过快会使得资源供求关系不平衡，造成资源价格机制扭曲，从而降低市场对资源的配置作用，不利于经济的持续发展；二是过大规模和过快的投资增加会引起社会的低消费，进而损害全体居民的福利水平提高；三是过快的投资增长可能会使部分产业快速膨胀，造成产业结构的失衡；四是在投资增长速度过快的经济发展方式下，往往更加趋于粗放型的经济增长，很难实现科学发展。因此，我国目前经济发展不能忽略投资，但是也不能过度地依赖投资。

从我国近些年来的消费需求和投资需求的关系看，呈现出过度地依赖投资需求，对于消费需求挖掘不足的趋势。

（三）支持需求结构调整的财政安排

1.优化投资结构，提高投资效率的财政安排

财政对于投资需求的影响应该把重点放在投资结构的调整上，使投资进一步向社会保障和改善民生倾斜。

（1）加大偏远贫困地区民生领域的投资力度。与世界平均水平相比，我国对民生领域的投资远远不足，特别是对偏远地区的民生投资力度尤为不足。要提高投资效率首先应该将资本投入最需要的地区和项目，加大对民生领域的投资，特别是对偏远贫困地区的民生投资。只有从困难群众的生活需求着手，改善其生活状况，才能逐步缩小贫富差距。具体来说，改善偏远贫困地区居民生活状况应该从四个方面着手：首先应该加大力度投资建设农村及偏远地区的基础设施，尤其是偏远地区的基本交通问题，例如乡村公路、客运专线、铁路干线的建设投入，在此基础上逐步建设地区干线机场和支线机场；其次是加快边远贫困落后地区的饮用水、灌溉水利、生产基地等基本民生工程的建设与改造支出；再次是应该持续扩大对边远贫困地区的基础教育和义务教育的投入，重点解决偏远贫困地区教育资源匮乏的问题；最后是扩大对偏远贫困地区的卫生投入，加快对农村包括医疗卫生场所及设施建设、社会保障、保障性住房等的建设。

（2）加大战略型新兴产业的投资力度。战略性新兴产业是指以高技术含量和潜在消费需求为基础，资源消耗少、成长潜力大、综合效益好的产业。对经济社会全局和长远发展具有重大引领带动作用，包括节能环保、可持续利用的新能源产业；性能高、成本低、资源消耗少、环境污染小的新材料工业；以应用为主导、以基础设施和网络体系建设为支撑的电子信息产业；以生物芯片，基因工程、环保生物、生物新材料、

生物育种、生物化肥、生物农药、生物医药为主的生物技术和中医药产业；探索宇宙空间的航天航空、深海资源和地球勘探产业等。加大对战略性新兴产业的投资，必须坚持政府引导为主，科技创新与实现产业化相结合，加大投入力度，把战略性新兴产业培育成国民经济的先导产业和支柱产业。此外，还应加大对文化创意、影视制作、出版发行、印刷复制、演艺娱乐、数字内容和动漫等七大重点文化产业的投资。加快发展文化产业、推动文化产业成为国民经济支柱性产业，促进国民消费总量提升与消费结构的优化升级。

（3）调整投资结构。投资结构是社会经济结构非常重要的一个方面，是指在特定时期内，投资中各个要素的构成数量比例关系。一个合理的投资结构可以帮助投资效益最大化地实现。我国目前的投资结构，总的来说，存在着投资主体单一、关键性产业投资不足、基础设施投资不到位等失衡现象，极大地影响了我国财政资金的配置、产业结构的升级和投资效率的优化。所以，解决我国内需结构失衡的关键问题之一就是要优化调整我国的投资结构。

第一，应该加强政策引导，形成多元化投资主体。近年来，我国企业和民间投资比重虽然呈逐年上升的态势，但从资本形成总额的构成来看，政府投资仍然占主导地位。政府投资虽然拉动了经济快速增长，但是财政资金的日益紧张也使得继续依靠政府投资拉动经济的局面难以为继。因此，将政府投资的引导作用与发挥民间投资的积极性有机结合起来，形成多元化投资主体，才能改善我国经济内生性增长动力不足的发展趋势。形成多元化投资主体，要加强对市场自主投资主体的鼓励和政策引导，支持民间资本投向政府鼓励的项目和符合国家产业政策的领域，大力引导民间资本进入公路、水运、机场、电力、电信等基础产业和基础设施领域，广泛参与民生工程的投资；同时，出台配套性鼓励政策，从财政、金融、税收等方面给予配套支持，解决国家单纯依靠财政手段集中拨付资金的紧张局面，最大程度提高社会积累资金的使用效率。

第二，以产业结构升级为目的，调整投资重点。优化投资结构是产业结构升级的前提，投资结构决定产业结构，优化投资结构应将投资的重点放在高新技术产业、服务业以及消费转化效应较大的教育、文化、旅游、保健等领域。与发达国家相比，我国高新技术产业相对落后，产品自主创新能力不足，缺乏核心技术支撑，产品的技术含量和附加值较低。随着科学技术的发展，应将投资重点集中于以核心技术创新为驱动的产业项目上，促使投资由劳动密集型产业向资本、技术、知识密集型产业转化，提高产业竞争力。通过投资教育文化、休闲旅游、医疗保健等产业，满足消费者高层次的消费需求，以期达到通过投资拉动社会消费、促进经济良性循环的目标。

2.促进出口需求调整的财政安排

要正确处理内需和外需的关系，坚持利用好国际国内两个市场、两种资源。财政对于出口需求的调整主要是运用进出口税收政策，稳定出口增长，控制出口需求规模，实现内需与外需平衡；促进出口结构合理，利于国内产业结构升级，发挥出口对宏观经济平衡和结构调整的重要作用。

第一，要充分利用出口退税政策调整出口规模。我国的出口高速增长无法脱离财政政策的扶持作用，特别是出口退税政策的作用尤为明显。据统计，出口贸易的稳定增长与出口退税呈现正相关的关系，同时出口退税政策还会对产业结构与地区经济结构产生显著影响。所以，通过调整出口退税政策，例如通过整体提高或降低出口退税率，可以对出口需求产生总量控制效果；或者，对附加值含量不同的产品实行高低不同的退税率，发挥"税收诱因"效应，优化资源配置，推动产业结构与地区经济结构的调整，促进由劳动密集型出口向技术密集型出口的转变，从而实现出口需求的结构调整目标。

第二，开征出口税。出口税不但利于控制被课税产品的出口数量，而且一定程度上也有助于该行业的内部结构调整与优化。2005年1月，我国开始对某些出口纺织品加征出口关税，这一措施不仅有助于减少出口纺织品数量，缓解国际贸易摩擦，更重要的是，有利于推动纺织业结构升级，摆脱外延型数量增长模式，提高国际竞争力，并且为出口导向型经济转型提供契机。但出口税的征收必须慎重，否则不仅不利于出口行业的发展，还将阻碍甚至限制出口行业的发展。

三、要素结构调整的财税政策

（一）要素结构的基本理论

1.要素

要素是经济学中的一个基本范畴，是指进行社会生产经营活动时所依赖的条件或资源，包括自然资源、资本、劳动等传统性资源和技术、管理和信息等知识性资源。按照生产要素的不同存在形式，可以将其划分为以下六大类。

（1）自然资源要素。自然资源是指天然存在并且具有利用价值，能对人类产生价值的物质，包括土地、矿藏、水利、动植物、森林、海洋等一切有形或无形的资源。自然资源在被人类利用后可以为人类社会生产做出贡献，是人类生存和发展的基础，也是人类社会生产过程中不可或缺的要素，并且自然资源更多地体现为物质形态的要素。

（2）资本要素。另一种可以体现为物质形态的要素还包括资本要素，但资本要素不仅仅可以体现为物质形态，还表现为货币形态，即资本要素包括货币资本和实物资本两类。资本要素只要使用得当，会自我增值。另外，资本要素是不可被替代的。影响一个国家或地区资本结构的因素非常多，市场潜力、风俗习惯、制度安排、政府效率都会影响资本形成和资本结构，特别是在资本全球化时代，探讨一个国家或地区的资本结构问题，对于国家经济安全显得更为重要。

（3）劳动力要素。劳动力是指人的劳动能力，是蕴藏在人体中的脑力和体力的总和。生产过程实际上就是劳动力作用于生产资料的过程。因此，劳动力要素是社会生产的动力要素，是对经济发展起到决定性的要素之一。这是因为一个社会的劳动力的基本情况，包括劳动力的数量、质量及其构成以及社会劳动资源的开发和利用情况，都能够对社会的进步和经济的发展产生巨大的影响。单纯用数字难以完全表达劳动力的真实状况。劳动力的内部结构非常复杂，包括劳动力年龄、性别、知识（学历）、技能、健康状况、地域分布、文化背景、敬业精神以及品德修养等。

（4）技术要素。技术是指生产的方式和方法，目的是提高劳动的效率。在现代化程度非常高的今天，技术要素已经越来越为人们所重视，这一新兴的要素正在随着知识经济的发展而逐渐成为经济社会发展的主要动力和来源。

（5）管理要素。管理要素又被称为企业家才能要素，可见其关键在于企业家或者管理者的管理才能，管理要素包括组织、经营、管理、创新、承担风险等活动，是管理者通过这些活动将其他经济资源组织协调，使之以更高的效率和利用率运作。

（6）信息要素。信息要素的主要宗旨是通过对信息的搜集、处理和传递为生产者和管理者在进行有关其他要素移动与配置的决策时提供参考，并反映和沟通各方面经济情况的变化来控制和管理生产，实现经济效益的最大化。随着生产力的发展和科技的进步，科学技术、知识信息日益成为创造和增进财富的重要因素。

2.要素结构

要素结构是指各类要素的构成情况。各种生产要素之间，尤其是作为能动的人的要素与被动的物的要素之间，必须实行有机的结合，才能成为现实的生产要素。各种要素不进行这种结合，就不能进行生产活动。各生产要素之间的联系、投入的比例关系不同，对经济增长的贡献大小也不同。

（二）我国要素结构失衡的致因分析

1.经济增长热衷于要素投入

一直以来，对经济发展的量化追求就呈现不懈的态势，因此，对于能够将经济指标提高的要素投入表现得比较热情。随着国际大发展的步伐，我国对自身能源资源等自然要素的投入呈现上升状态，大规模地开采开发国家的稀有金属以及钢铁能源等问题一直存在。对经济的增长表现出的热情产生了对要素投入结构不合理现象的发生。

同时，自然资源是不可再生资源，自然资源的浪费无度是要素结构调整的重要环节。由于发达国家对自身自然资源的限制使用和保护，其发展过程中又对自然资源有着很强的依赖，因此，发展经济的自然资源就成为我国等发展中国家出口的必要原材料。然而宝贵的自然资源要素对一个国家或地区乃至世界生态环境十分重要，所以对要素结构的调整势在必行。

2.技术创新长期依赖技术引进

自20世纪70年代末，我国开始改革开放以来，在技术进步上更多的是依靠技术引进，依赖发达国家，并且在产业上作为发达国家的产品组装者。不能否认的是，这种依赖发达国家的技术引进，成为世界的加工厂，确实使得我国经济取得了巨大的增长，但是随着经济的发展，当经济增长到一定水平后，我国原有的劳动力和自然资源等优势逐渐减弱或消失，必然会造成经济增长速度的降低。

另外，我国在依赖技术引进的同时，一直以来存在的另一个问题是对技术的吸收消化不够，更多的是对技术的模仿，是一种假性的创新，而不是原发性的、自主性的创新。换言之，就是我国在技术创新结构中，缺乏自身技术基础和技术能力的培养，主要是因为长期以来我国缺乏促进自身技术创新的机制、环境和条件，即一直以来我国对自主创新都表现得不够重视。

中国企业对于技术的吸收消化更多的是体现为投入的不对称，即企业投入技术引进的资金与投入对于技术吸收消化的资金的不对称。一般情况下，技术转让方不愿意让技术引进方知道更多的关于技术深层次结构的内容，所以很多时候技术引进方很难知道技术的深层次结构及其运行原则。另外，加上技术在开发时都具有较强的地方特色，所以引进的技术往往都具有技术转让方的本土化特征，这进一步限制了引进方对于技术的消化吸收程度。而我国大多数企业在这种原本就很难消化吸收引进技术的条件下，还忽略对于技术消化吸收的投入，这无疑对攻破消化吸收技术这一难关雪上加霜。对于企业来说，只有加大对于技术消化吸收的投入才有可能提高技术的消化吸收力度。而对于提高技术的消化吸收效率，则应该提高消化吸收技术和引进技术的投入比例。以日本和韩国为例，他们在消化吸收技术和引进技术的投入比例大体保持在3：1，而我国大中型企业工业技术消化吸收和技术引进的投入比例为1：10，仅为日本和韩国的1/30，即使是中国的500强企业之一投入比例也仅为1：3.3，差距十分明显。

这种对于引进的技术消化吸收不足的现象对我国技术创新是十分不

利的，尽管短期内节约的技术消化吸收投入可以帮助企业节约成本，将资金投入更多更新的技术引进中来，但是从长期来看，对企业是十分不利的，不仅体现为技术上受制于人，长期下来会浪费更多的资源。另外，我国技术创新能力不足与创新投入不足有很大关系。

（三）要素结构调整优化的财政安排

1.鼓励科技创新，增强自主创新能力的财税安排

科技的发展和创新是我国要素结构调整的关键问题。自主创新能力是一个国家的核心竞争力之一。我国要想在国际竞争中占有一席之地，必须不断提高自主创新能力，自主创新能力对于要素结构调整也是非常核心的内容。过去，我国经济发展过度依赖要素数量的投入，致使各项要素技术含量不高，科技进步和创新的贡献有限。转变经济发展方式要求我们必须改变原有的拼资源、拼环境、拼劳动力赚取微薄利润的发展方式，促进发展要更多地依靠科技进步、劳动者素质提高、管理创新推动，逐步形成以科技进步和创新为核心的新的增长动力。

然而，科技创新自身具有高投入性和高风险性的特征，就私人部门而言，成本是非常大的，因此，要促进科技创新、推动技术进步，必须由政府出面，通过财政税收手段加大对科技创新的扶持。一直以来，我国都是以技术引进为主，短期内，在技术上可能仍会以技术引进为主，但是不再仅仅是引进，而应该增加投入，更多地消化吸收，与此同时，还要改变原来技术引进中的政府主导为市场主导，从市场出发引进技术。首先要改变观念，认识到技术引进是市场行为而非政府行为。在技术引进中，政府应该提供协助，通过政策、法规等来服务企业引进技术，而企业才是技术引进的主体，只要企业引进的技术符合市场竞争规律，就应该是合理的。另外，要将战略重点放在自主创新上。因为跨国企业并不会将花长时间、大价钱的核心技术引入中国，因此对于企业来说，不仅要引进技术，更重要的是要自主创新，将吸收外资与技术引进、消化吸收和创新结合起来，在引进中消化吸收，在消化吸收中创新，以便提高企业自身的消化吸收能力和自主创新能力。

在财政政策上，一是政府应通过贷款担保、贴息、风险补贴等方式逐年加大对科技创新的引导和激励，确保政府引导性资金投入的稳定增

长，重视发挥政府投入对社会的示范效应，调整要素的投放机制。二是进一步增加对高新技术企业的财政投入、财政担保、贴息及税收优惠，引导和带动市场资金注入高新技术行业和企业，支持高新技术产业发展，改变要素投入结构。三是实施促进传统骨干企业自主创新的财税政策。为企业技术改造、工艺升级和新产品开发提供补贴或贴息，引导企业采用新技术和新工艺扩大再生产；加大对企业研发投资的财税支持力度，鼓励企业增加科研投入，加快建立以企业为主体、市场为导向、产学研相结合的技术创新体系，引导创新要素向企业聚集，培育企业的自主创新能力，提升企业产品的技术含量、附加价值和市场竞争力，将要素结构调整机制充分发挥出来。

2.促进资源节约和环境保护的财政政策调整

促进资源节约和环境保护，是我国实现经济社会全面协调可持续发展的内在要求，也是要素结构调整的重要内容，更是转变经济发展方式的必然要求。因此，应加快建立比较完善的鼓励能源、资源节约和环境保护的财税政策体系。

（1）实行环境税制度。现行的管理制度并不能有效地激励企业对环境的保护，环境税可以为政府政策的空白进行相应的约束。因此，开征环境税是我国加快经济发展方式转变的必然要求。另外，环境税的开征对于缓解我国能源紧张的局面也是很好的选择。而环境税的设计关键在于税率。环境税的开征应先易后难、逐步推进。如果在实施的过程中出现环保专业技术性过强而导致课税有一定的难度，可以先对污染程度较重的、亟须税收进行控制的污染产品征收环保税，对技术检测要求较高的项目仍由环保部门管理，等到相关条件成熟时再纳入环保税的范围中，并将此项地方税收用于环保事业的进行。

（2）鼓励相关环保产业进行财税制度调整。加大对节能减排领域的投入力度，支持重点节能减排工程建设。在财政投入方面，财政应当继续支持重点节能工程、城市污水和垃圾处理、重金属污染防治、重点流域水污染治理、主要污染物减排等生态环保项目，鼓励企业实施节能技术改造。

在税收优惠方面，一是对实行节能环保项目的企业实行企业所得税的减免，对于企业投资节能环保设备可以抵减企业所得税等激励企业参与节能环保，并且通过企业所得税的减免还可以推进重点行业和企业的节能减排；二是对节能新产品的生产和销售等流转环节实行优惠税率，进而推进企业节能减排的技术改造；三是加大对使用节能产品和节能技术的税收优惠政策，例如，对新能源汽车、节能环保建筑和节能灯具等节能产品的使用给予税收优惠，以促进这类节能产品的需求，同时扩大节能环保产品惠民工程实施范围；四是对新能源要素的探索实施碳税或环境污染税制度及鼓励新能源发展的税收制度，倡导低碳经济和绿色经济等概念。

（3）支持低碳消耗，促进要素使用优化调整碳税的问题。以碳税统领的节能环保的税制体系，在全世界范围里，也仍是处于探索和尝试的阶段。即使是发达国家，也只是相对发展中国家更先进一些，因为其制度相对健全、经验丰富一些，碳税机制更健全一些，而发展中国家相对落后，因此碳税的相关配套措施也不足。

目前，碳税问题对于我国来说，更多的是整合现有财税体制和机制的问题。碳税并非指某个税种，而应该是一个以节能减排、促进低碳环保的税制体系。就我国财税体系来看，我国建立碳税体系的关键不是系统性开征新的税种或者增加新的课税主体，而是应着力于我国目前现有的税制结构中的系统调整问题。目前我国税制结构中增值税切块过大，特别是在增值税由生产型转为消费型之后，相当于对增值税进行减税，这就加大了各部门对工业的偏好。另外，我国税制体系中还存在着消费税偏轻，资源税和环境税未成系统等问题。从经济学角度看，财税制度调整经济运行主要立足于边际成本与边际收益的协调，增加高耗能、高污染行业和生活方式的成本，是历来实现节能减排的主要办法。扭转目前高碳生产现状和高碳生活方式发展模式，继续在消费领域有进度有计划地进行税收调节，累进式的碳消费税体系并不违背结构性减税的初衷，采取有效征管、细化实施和切分管控的办法，对过度消费造成的碳排放进行经济约束和税收惩罚。

第二节 促进经济循环发展的财税政策

促进我国循环经济发展的财税政策的总体框架应该包括循环经济发展的财政政策、税收政策及其他配套政策措施。

一、促进我国发展循环经济的财政政策

（一）增加支持循环经济发展的预算投入

多年以来，在循环经济发展相关领域缺乏政府投资的有效支持，国际经验表明，环保投入占GDP的比例达到1%～1.5%，只能基本控制污染加剧，达到2%～3%才能逐步改善环境。因此世界银行建议，中国对于污染控制的投资需要大大增加，至少要在GDP的1%以上，最好在2%以上。所以，政府还应加大对与循环经济发展相关的产业的投入。政府直接投入主要包括预算投资、预算补贴、财政贴息、研究和开发投入等方式，支持的重点包括法规制定、公众宣传、教育培训、信息服务、课题研究，特别是组织和引导企业对关键性、共性和前瞻性节能、节水、环保产品的技术进行开发、示范和推广应用，设备的改造和更新等。所以，建立绿色财政预算制度势在必行。经济发达国家无一例外地将环保基础设施建设放在优先发展的位置，且环保投资占其总支出的比重不断增加。我国财政环保投入由于在国家预算中不被单列，因而既不利于计算也不利于监督，更不用说保证其占预算总支出的比例了。为此，笔者建议首先要在经常性预算中，设立节能支出科目，安排相应的节能支出预算。一是用于节能科技的研究与开发。二是用于节能技术示范和推广。三是用于节能教育和培训。其次在建设性预算中，要加大财政的节能投资力度。逐步提高节能投资占预算内投资的比重，更多地利用贷款贴息方式。选择一些特别重要的、投资数额巨大的国家级节能项目，国家财政可采取直接投资的方式予以支持。此外，还要设立中央对地方的节能专项拨款，节能专项拨款不得挪作他用。

（二）优化财政补贴政策

我国对于开展资源综合利用与治污的企业财政补贴仅限于少数几项间接补贴，但对相关企业的鼓励与支持效果甚微。而对于构建循环经济系统，需要经常性的直接财政补贴的支持。因此，可以考虑给开展循环经济的企业予以照顾，例如采取物价补贴、企业亏损补贴、财政贴息、税前还贷等。在物价补贴方面，对于企业由于初期实行循环经济期间增加技术投入、改进生产工艺等造成的产品成本高于社会平均成本的现象，给予价格性补贴；在企业亏损补贴方面，对企业循环经济建设初期投入过大而造成的暂时性亏损给予财政政策上的倾斜；财政贴息，即政府代企业支付部分或全部贷款利息，由于利息支付计入企业成本，由此可相应增加企业利润；税前还贷，就是政府在计算企业应税所得时，将企业应当归还的贷款从中扣去，相应减少企业纳税基数，其实质便是免去了企业一部分税款，相当于政府为企业归还了一部分贷款。我国也应借鉴国际经验，对企业生产经营过程中使用的无污染或减少污染的机器设备实行加速折旧制度。通过政府向开展循环经济的企业进行有针对性的财政补贴，可以大幅度地调动循环经济建设的积极性。

（三）完善购买性支出政策

购买性支出政策分为投资性支出与消费性支出两个方面。政府投资性支出作为一种诱发性投资，能够将受外部效应制约的民间资本释放出来，并使国民收入的创造达到一个较高的水平，从而产生政府投资的"乘数效应"。因此，政府投资的项目主要应该是那些外部效应大、产业关联度高、具有示范和诱导作用的环境基础设施，例如大型水利工程、城市地下管道铺设、绿色园林城市建设、公路修建、生态工业园以及重大技术领域和重大项目领域。政府通过投资性的支出，既可以为企业创造公平的竞争环境，同时也可以调动企业建设循环经济的积极性。

在购买性支出的消费性支出方面，政府可制定相关的绿色采购政策来促使市场鼓励再循环利用。首先应加大节能、环保等与循环经济相关的产品的认证力度，这是政府采购工作的前提和基础。目前我国已确定了21种产品为节能产品，但总体看我国节能认证工作还处于起步阶段，参与节能产品认证的产品数量太少。应根据循环经济的发展特点，制定相应的节能、环保、资源综合利用等产品的标准，为规范循环经济相关产品市场及将这些产品纳入政府采购做好技术准备。在此基础上，政府应积极推进节能、环保、资源综合利用等产品的政府采购工作。

二、调整现行税制中的相关税种

（一）增值税

从增值税来看，一是要加速向"消费型"增值税的转变步伐，目前我们国家除了东北地区以外其余的地区都采用"生产型"增值税。大部分企业固定资产的增值税进项税额不能抵扣，从而抑制了企业投资环保设备的积极性。为促进企业购置除尘、污水处理和提高资源利用效率的环保设备，需要增加企业对这些设备的增值税进项税额抵扣的规定，从而促使企业技术进步和设备更新，提高环境和资源的社会经济效益。二是针对国家将要出台的发展循环经济的产品目录，结合工艺流程特点、重要性、现实可操作性要求，有选择地扩大增值税即征即退、减半征收的产品适用面，重点是重化工产业部分产业链上的产品。三是以合理拉开利用再生资源和资源综合利用与原生资源之间的税负差距为目标，通过提价、进项税抵扣的办法，实现循环经济的税收优势。如允许废旧轮胎综合利用企业在取得废旧轮胎时按10%（或更高）抵扣进项税，翻新轮胎实行13%（或更低）的低税率。四是取消对农膜、农药，特别是剧毒农药免征增值税规定，以免对土壤和水资源的保护产生不良影响。

（二）消费税

这些消费税的调整虽然充分体现了国家利用税收手段促进循环经济发展，鼓励发展环境保护型、资源节约型、高附加值产业的政策导向，但也存在"抓大放小"等方面的问题。从长期来看，今后可以从以下三个方面加以完善：一是对资源消耗量大的消费品和消费行为，如一次性饮料容器、塑料包装物、一次性纸尿裤、高档建筑装饰材料等，应列入消费税的征收范围；二对煤炭、电池、一次性塑料包装物及会对臭氧层造成破坏的氟利昂产品也应列入消费税的征收范围；三对于资源消耗量小、循环利用资源生产的产品和不会对环境造成污染的绿色产品、清洁产品，应征收较低的消费税。

（三）关税

建立"绿色关税"体系。出口税的课税对象主要是国内资源，包括原材料、初级产品及半成品等。进口税是对一些污染环境、影响生态环境的进口产品以进口附加税，或者限制、禁止其进口，甚至对其进行贸易制裁，以强制出口国履行国际环境公约规定的义务。同时对进口国的紧缺资源和节能、环保类设备，给予低税或免税。建立"绿色关税"，可以有效保护可能枯竭的国内资源；改善我国的出口结构，鼓励高附加值的技术密集型产品出口；提高进口的质量，减少污染产品的进口；建立对外贸易的"绿色壁垒"。

（四）开征必要的新税种

第一，适时开征燃油税。以燃油税取代长期以来征收的公路养路费、公路客货运输附加费、公路运输管理费、航道养护费、水路运输管理费、水路客货运输附加费及地方用于公路、水路、城市道路维护和建设方面的部分收费。对不同能耗的燃油或燃气，规定不同的税额予以征收。改革现行对原油征收资源税的计税办法，改从量征收为从价征收。实施燃油税，将会有力促进燃油或燃气的节约使用，提高使用效率，加大环境保护的力度。

第二，适时开征污染税。污染税以单位和个人排放的大气污染物、水污染物和固体废弃物为课税范围。污染税的征收应具有普遍性，即凡是直接污染环境的行为和能够造成环境污染的产品均应纳入征收范围。目前，可先从重点污染且易于征管的课税对象入手，将各类环保方面的收费基金改为征收污染税。

第三节　民营经济发展路径与模式

一、民营经济高质量发展动力机制

（一）民营经济转型升级动态

通过检索并筛选国外文献分析发现，国内外关于民营经济转型升级视角下的文献研究内容主要涉及产业升级、制度障碍、跨国经营和商业模式等方面。

1.转型升级视角下的产业升级

国内外学者关于产业升级视角下民营经济转型升级的相关研究主要关注：①新兴产业：重点讨论了战略性新兴产业、新兴产业与传统产业的互动以及相关政策建议；②产业集群：重点研究了产业集群动态演进、产业集群升级模式和影响因素等内容；③全球价值链：重点探讨了嵌入全球价值链的优势、国家价值链与全球价值链的协调发展以及在全球价值链视角下企业转型升级路径等；④提质增效：主要讨论了农业、工业以及服务业如何提质增效的问题等；⑤产业转移。

2.转型升级视角下的制度障碍

国内外学者从制度障碍视角研究民营经济转型升级，主要关注以下几个议题：①金融抑制；②市场准入；③产权保护；④市场分割；⑤竞争制度。

3.转型升级视角下的跨国经营

国内外学者从跨国经营视角下研究民营经济转型升级主要涉及以下几个方面：①跨国并购；②"一带一路"；③国际化经营；④对外直接投资。

4.转型升级视角下的商业模式

国内外学者从商业模式视角下研究民营经济转型升级主要涉及以下几个方面：①"互联网+"；②商业模式创新；③新业态。

（二）创新驱动民营经济高质量发展研究动态

通过检索并筛选国内外文献分析发现，关于创新驱动民营企业高质量发展的文献研究内容主要包括技术创新与知识产权、要素研发和创新体制这三方面。

1.创新驱动民营经济高质量发展的技术创新与知识产权研究

民营经济高质量发展的创新驱动问题一直是国内学者研究的热点。现有研究主要集中：①技术创新：重点讨论了创新能力、研发投入、高新技术产业和创新战略；②知识产权：重点研究了专利战略和知识产权保护等内容。

2.创新驱动民营经济高质量发展的研发要素研究

国内外学者关于创新驱动高质量发展背景下的研发要素的相关研究主要关注：①科技人才：重点讨论了科技人才对于经济高质量发展的贡献、科技人才管理存在的问题及管理方式；②原始创新：重点研究了原始创新内外部驱动因素、原始创新能力评价指标和提升机制等内容；③基础研究：重点探讨了基础研究对企业发展作用、发展现状与相关政策建议等；④创新管理：主要讨论了创新管理的内涵和方式等内容。

3.创新驱动民营经济高质量发展的创新体制

国内外学者从创新驱动高质量发展背景下研究创新体制的研究文献主要关注以下几个议题：①国家创新系统；②区域创新体系；③高新技术企业。

（三）消费升级研究动态

国内外学者关于消费升级助力民营经济高质量发展的相关研究主要涉及：①消费需求与消费结构升级：重点讨论了消费需求的变动趋势，消费结构转型升级的动力机制与影响因素；②供给侧改革：重点分析了供给侧改革的理论依据、驱动因素以及改革难点等；③倒逼机制：重点探讨倒逼机制的特性、传导机制与传导路径，倒逼机制对于消费升级的作用以及消费端倒逼机制等；④网络消费等新型消费业态：主要讨论了新消费业态的类型、培育模式以及对于消费升级的作用机理等。

（四）数字经济研究动态

通过检索并筛选国外文献发现，关于数字经济的研究文献涉及数字融合与数字化转型和数字产业化发展这两个主要方面。

1.数字经济时代下数字融合与数字化转型研究

国内外学者从数字融合与数字化转型视角下研究民营经济转型升级的研究文献主要涉及以下几方面：①物联网；②大数据；③人工智能；④云计算；⑤5G通信；⑥"互联网+"。

2.数字经济时代下数字产业化发展研究

国内外学者从数字产业化发展视角下研究民营经济转型升级的研究文献主要关注以下几个议题：①电子商务及数字产业；②平台经济；③共享经济；④数字贸易。

二、民营经济高质量发展模式与企业培育

（一）民营经济高质量发展的国际经验比较

国内外学者通过国际经验比较研究总结出的典型的中小企业培育模式包括：①德国工业4.0：其基本内涵、核心战略、构建的蓝图以及对于我国培育中小企业的借鉴意义；②美国创新战略：包括工业互联网与先进制造伙伴计划，其中研究分析了工业互联网与先进制造伙伴计划的工业发展模式、内涵、实现路径与实施重点等，以及对我国工业发展的借鉴作用；③日本精益制造：重点研究了精益制造模式的内在逻辑、价值标准以及借鉴意义，也探讨了日本工业价值链参考框架的核心理念、演进模式与经验借鉴；④赶超模式与高质量发展：主要讨论了英美的中小企业发展模式，德、日、韩三国的中小企业发展模式等；⑤中国制造2025：探讨了中国制造2025的内涵、特点、发展方向以及转型目标等。

（二）民营经济高质量模式演进理论研究

国内外学者以理论基础为立足点探讨中小企业的演进模式，主要理论可以概括为：①共生理论；②创新驱动发展理论；③技术赋能。

（三）民营企业高质量国际培育模式

民营企业高质量国际培育模式近年来成为国内外学者的研究热点，

研究主要集中于科技独角兽、全球小巨人、隐形冠军、专精特新等方面。①科技独角兽：主要讨论了独角兽企业的类型、培育和发展等问题；②全球小巨人：重点讨论了德系培育模式、日系培育模式和美系培育模式及其对培育中国小巨人的借鉴意义；③隐形冠军：重点研究了隐形冠军的德系和日系培育模式，为我国培育隐形冠军提供了经验；④专新特精：重点探讨了影响因素和评价指标体系等。

（四）民营经济推进机制

通过检索并筛选国内外文献发现，关于民营经济的推进机制研究文献涉及开放经济与国际竞争推进机制、创新驱动的集聚培育推进机制以及国有企业与民营企业协调发展推进机制这三个主要机制体系。

1.开放经济与国际竞争推进机制

国内学者关于开放经济与国际竞争推进机制的研究主要集中在全面开放，"走出去"战略和国际经济合作与竞争等方面：①全面开放；②"走出去"战略；③国际经济合作与竞争。

2.创新驱动的集聚培育推进机制

国内外学者对于创新驱动的集聚培育推进机制的相关研究主要关注了：①特色小镇：重点讨论了特色小镇是什么，如何推进经济发展以及如何建设特色小镇；②创新网络：重点研究了创新网络的作用机制、构建与治理等内容；③创新生态系统：重点探讨了创新生态系统影响机制、驱动因素和开放式创新生态系统等。

3.国有企业与民营企业协调发展推进机制

对于国有企业与民营企业协调发展推进机制的研究，国内外学者主要关注以下几个问题：①混合所有制；②中性竞争机制；③市场开放。

参考文献

[1] 杨桂洁，李沛泽.财务管理［M］.北京：人民邮电出版社，2024.

[2] 吴灵辉.财务管理［M］.北京：电子工业出版社，2023.

[3] 安玉琴.财务管理模式与会计审计工作实践［M］.北京：中国纺织出版社，2023.

[4] 谢春林.数字化时代企业财务管理探究［M］.长春：吉林文史出版社，2023.

[5] 蔡智慧.现代会计学与财务管理的创新研究［M］.北京：中国商务出版社，2023.

[6] 赵丽.智能时代的财务管理及其信息化建设［M］.汕头：汕头大学出版社，2023.

[7] 窦巧梅.大数据背景下的财务分析与管理研究［M］.北京：中国商务出版社，2023.

[8] 周彩节.财务管理［M］.北京：北京理工大学出版社，2023.

[9] 赵德武.财务管理［M］.北京：高等教育出版社，2023.

[10] 韩楠.财务管理［M］.秦皇岛：燕山大学出版社，2023.

[11] 孙燕芳.财务管理［M］.北京：科学出版社，2023.

[12] 李延喜.财务管理［M］.大连：大连理工大学出版社，2023.

[13] 张庆程.财务管理［M］.北京：经济管理出版社，2023.

[14] 徐晔.财务管理［M］.上海：复旦大学出版社，2023.

[15] 熊霞.中小企业财务管理［M］.北京：中国青年出版社，2023.

[16] 许东.财务管理与风险控制［M］.哈尔滨：东北林业大学出版社，2023.

［17］张丽庆.财务管理与分析研究［M］.哈尔滨：哈尔滨出版社，2023.

［18］刘国洁.现代财务管理的转型研究［M］.长春：吉林人民出版社，
2023.

［19］杨洁.企业财务管理与财务数字化研究［M］.北京：群言出版社，
2023.

［20］黄东坡.企业财务管理［M］.北京：清华大学出版社，2023.

［21］胡伟.财务管理本科［M］.北京：人民邮电出版社，2023.

［22］刘端.财务管理案例［M］.大连：东北财经大学出版社，2023.

［23］施玉.财务管理与创新［M］.北京：中华工商联合出版社，2023.

［24］王炳华.财务管理实务［M］.上海：立信会计出版社，2023.

［25］赵刚太.财务管理与创新研究［M］.北京：中国纺织出版社，2023.